Anglizismen
auf gut
Deutsch

Ageliki Ikonomidis, 1965 als Kind griechischer Eltern in Niedersachsen geboren, lebt in München und ist als freiberufliche Redakteurin, Texterin und Dozentin tätig. Schon zu Schulzeiten hat sie sich dem Schreiben verschrieben: mit Märchen und Kurzgeschichten und ersten satirischen Veröffentlichungen in einem Münchner Szeneblatt. Da war sie 12. Heute reicht ihr Repertoire von Werbe- und Homepage-Texten über Pressemeldungen, Unterhaltungsbeiträge und Fachartikel bis hin zu Technischer Dokumentation. Ihr besonderes Interesse gilt dem lesefreundlichen Formulieren und Strukturieren von Texten sowie praktischen Hilfen, die das Schreiben erleichtern.

Ageliki Ikonomidis

Anglizismen auf gut Deutsch

Ein Leitfaden zur
Verwendung von Anglizismen
in deutschen Texten

BUSKE

Bibliografische Information der
Deutschen Nationalbibliothek

Die Deutsche Nationalbibliothek verzeichnet diese
Publikation in der Deutschen Nationalbibliografie;
detaillierte bibliografische Daten sind im Internet
abrufbar über ‹http://dnb.d-nb.de›.
ISBN 978-3-87548-560-8

Umschlagfoto:
© Jeffrey & Valerie Fitch
www.pocketwatchwaistcoats.co.uk

Inhalt

Der Versuch eines Vorwortes, oder: *Yes we can!* **7**

Wozu schon wieder ein schlaues Buch?, oder: *Y?* **11**

Aller Anfang ist leicht, oder: *Easy Going* **15**

Substantive mit Größe, oder: *Think Big* **19**

Kurzer Prozess mit Abkürzungen, oder: *FWIW* **23**

Puzzlepartie der Zusammensetzungen, oder:

Come together! **29**

Kampf der Geschlechter, oder: *As You Like It* **39**

Mehrzahl ist mehr, oder: *The S after* **49**

Die Wiederentdeckung des Genitivs, oder: *Lost and Found* **55**

Das Adjektiv – ein Wort ohne Eigenschaften, oder:

No Feature **61**

Wenn Verben schwach werden, oder:

Verbs Don't Come Easy **65**

Wenn andere Verben helfen müssen, oder: *Help Yourself!* **71**

Zeit der Trennung, oder: *Cut!* **75**

Bilaterale Beziehungen und Collateral Damage **79**

Overview zum Happy End **85**

Weiterführende Literatur **95**

Verzeichnis genannter Anglizismen **97**

Der Versuch eines Vorwortes, oder:
Yes we can!

Als ich vor gut 20 Jahren das erste Mal in meinem Leben mit Computern zu tun bekam, kursierten diese noch unter der unspektakulären Bezeichnung »Rechner«. Sie besaßen Laufwerke, keine Drives, wurden mit Disketten und Magnetbändern gefüttert statt mit Floppys, Tapes oder gar CDs, und sie hatten Bestandteile, deren Namen einem noch etwas sagten, wie z. B. Arbeitsspeicher. Doch auf einmal war alles anders. Ob gebeten oder ungebeten, das Englische hatte sich des Deutschen bemächtigt – und zwar nicht nur in der EDV, pardon: IT. Inzwischen lässt sich in fast allen Bereichen des täglichen Lebens eine Anglomanie beobachten, die auch vor unseren Kids nicht haltmacht. Noch bevor diese richtig Deutsch gelernt haben, beeindrucken sie bei jeder Gelegenheit durch einen stetig wachsenden Englischwortschatz. So musste auch ich in den frühen Lebensjahren meiner Tochter immer öfter mein Schulenglisch bemühen, um mit dem Kind kommunizieren zu können: Statt der herkömmlichen Plätzchen wurden zu Weihnachten plötzlich Cookies gebacken, und auf dem Wunschzettel standen Inliner (statt Rollschuhen) gefolgt von Gameboy und iPod. Später durfte ich dann erleben, was Mädchen heutzutage in der Pubertät so alles bewegt. Da wurden auf einmal Wonderbras zu Busenfreundinnen und ihr vielfach beworbener Push-up-Effekt zum täglichen Grundbedürfnis. Ich fragte mich so manches Mal, wie ich meine Jugend jenseits dieser Musthaves überhaupt hatte durchstehen können, ohne an Körper und Seele Schaden zu nehmen. Ob jedoch der wachsende Englischwahn bei unseren Kindern einen Schaden anrichten wird und in welchem Ausmaß, vermag wohl niemand genau zu sagen. Aber heute muss man ja schon froh sein, wenn die eigene Tochter nicht zum It-Girl verkommt.

Inzwischen habe ich mich daran gewöhnt, dass die Herren in meinem Bekanntenkreis sich auf der Driving Range vergnügen oder auf dem Green putten, während meine Freundinnen auf High Heels zum Shopping staksen. Auch muss ich gestehen, dass ich selbst durchaus surfe und google. Leider hat mich das in der Frage nicht weitergebracht, warum Relaxen inzwischen out und Chillen stattdessen in ist. War Ersteres noch nicht englisch genug? Und wenn das tatsächlich der Grund sein sollte: Wird die Zukunft in Deutschland noch englischer? Eines jedenfalls steht fest: In Sachen »deutsche Sprache« fällt mir das Entspannen zusehends schwerer, denn Anglizismen entlocken mir bisweilen ein heftiges Stirnrunzeln, das sich über die Jahre vermutlich zu üblen Falten, wenn nicht gar Furchen, verfestigen wird. Dem ließe sich freilich vorbeugen, würde ich mit meinem beschränkten Englisch nicht an der Frage scheitern, ob da Anti-Aging-

Produkte helfen oder ich mich lieber an Pro-Aging-Artikel halten sollte.

Derlei Fragen will dieses Buch freilich nicht beantworten. Sinn und Zweck ist es vielmehr, Ihnen deutschorthografisch und deutschgrammatikalisch verträgliche Lösungen und Orientierungshilfen für den korrekten Gebrauch von Anglizismen beim Verfassen deutscher Texte an die Hand zu geben. Allerdings können hier nicht alle englischen Begriffe berücksichtigt werden, die wir im Deutschen verwenden, und das vorliegende Buch erhebt auch nicht den Anspruch eines lückenlosen Regelwerks. Sollte Sie aber jemand fragen, ob Sie nach dieser Lektüre mit Anglizismen in deutschen Texten besser umzugehen vermögen, dann können Sie gewiss erwidern: *Yes we can!*

Wozu schon wieder ein schlaues Buch?, oder: *Y?*

Die Globalisierung hat uns fest im Griff und mit ihr die Weltsprache Englisch, wie sich das für uns Global Player gehört. Anglizismen sind aus unseren Texten heutzutage kaum noch wegzudenken, und so wäre die Aufforderung, englische Begriffe in deutschen Texten durch Begriffe aus unserer Muttersprache zu ersetzen (was zweifellos vielfach möglich wäre), geradezu illusorisch, bedenkt man einmal, wie sehr das Deutsche bereits mit Anglizismen durchsetzt ist, welchen Stellenwert sie in Fach- und Produktsprachen einnehmen, welche generationsübergreifende Verbreitung sie haben und welche Popularität sie genießen. Und begännen wir erst mit derlei Aufräumarbeiten, was täten wir dann mit den französischen, lateinischen und sonstigen fremdsprachigen Begriffen? Es wäre also müßig, das Für und Wider von Anglizismen zu erörtern. Deshalb stellt dieses Buch auch nicht zur Diskussion, ob es konkrete Fälle gäbe, die englische Begriffe in deutschen Texten rechtfertigten oder nicht. Vielmehr sollen die nachfolgenden Kapitel Sie für den Umgang mit Anglizismen in deutschen Texten sensibilisieren und zeigen, dass sich das Deutsche ein ums andere Mal als praktikable, flexible und äußerst gastliche Sprache erweist. Nicht umsonst fühlen sich die Fremdwörter bei uns so wohl.

Allerdings gibt es keinen Grund, bei der Verwendung von Anglizismen alle Regeln der deutschen Grammatik und Orthografie zu vergessen. Die deutsche Sprache liefert uns – wenn zum Teil auch sehr versteckt – durchaus Regeln zur Verwendung von Anglizismen, doch finden diese Regeln wenig Beachtung, weil sie meist nicht bekannt sind. Der Einfachheit halber werden also gängige Schreibweisen ohne weiteres Hinterfragen übernommen oder englische Begriffe gemäß englischen Rechtschreib- und Grammatikregeln gebraucht. Beides führt meist zu schlechtem Deutsch, und aus der sprachlichen Beliebigkeit resultieren vielfach Textmissbildungen und Zwangseindeutschungen, die nicht nur die englischen Ursprungsbegriffe verunstalten, sondern das Deutsche obendrein (Denglisch). Gängige Beispiele sind das *Einkaufszenter* und die *Art Directoren*.

Neben den Regeln und Orientierungshilfen, die uns das Deutsche für den korrekten Umgang mit Anglizismen bietet, verbleibt ein gewisser Spielraum mit reichlich Platz für Fehler. Und an Fehlerquellen mangelt es nicht: Sei es die grundsätzlich zweifelhafte Verwendung englischer Verben, die Groß- und Klein- sowie Getrennt- und Zusammenschreibung englischer Substantive, ihr fragliches grammatikalisches Geschlecht oder die Beugung verschiedener Wortarten. Genannt sei an dieser Stelle beispielhaft der von Bastian Sick bereits so erfolgreich beklagte Schwund des Genitivs[1], der leider auch vor Anglizismen nicht haltmacht. Anglizismen zu verwenden muss aber nicht zwangsläufig heißen, schlechte deutsche Texte zu produzieren. Das Deutsche bietet im Rahmen von Orthografie und Grammatik eine Vielzahl an Möglichkeiten, Anglizismen selbst in Zweifelsfällen fehlerfrei zu schreiben. Dieses Buch fasst die wichtigsten Regeln zusammen und liefert Tipps und Formulierungshilfen, um sich auch im regelfreien Raum sicher bewegen zu können. Denn selbst wenn wir uns der Anglizismen nicht immer erwehren können, so können wir uns doch dagegen verwahren, sie falsch zu schreiben. Als deutschsprachige Schreiber sollten wir das Deutsche hegen und pflegen und unsere Sprache vor zu viel Kauderwelsch bewahren.

---

[1] Bastian Sick, *Der Dativ ist dem Genitiv sein Tod. Ein Wegweiser durch den Irrgarten der deutschen Sprache*, Köln: Kiepenheuer & Witsch 2004.

Aller Anfang ist leicht, oder:
Easy Going

Schon der Vergleich mit einer Deutschgrammatik sorgt für Entwarnung. Denn die überschaubare Seitenzahl dieses Buchs zeigt, wie unbegründet die Sorge ist, für die korrekte Schreibung von Anglizismen müsse man ein umfangreiches neues Regelwerk erlernen. Vielmehr ist schon allein das Beachten und Anwenden grundlegender Deutschregeln die halbe Miete, denn die oberste Regel lautet:

➲ *Die Schreibung von Anglizismen orientiert sich grundsätzlich an deutschen Rechtschreib- und Grammatikregeln.*

Dieses Wissen bringt Sie in den meisten Fällen weiter und vielfach auf die sichere Seite. Dennoch ist es sinnvoll, sich einzelnen Fragen der Anglizismenschreibung intensiver zu widmen, denn – auch diesbezüglich verhalten sich die Anglizismen typisch deutsch – es gibt natürlich den einen oder anderen Sonderfall.

Was aber bedeutet die zuvor genannte oberste Regel für uns? Haben wir bisher alles falsch gemacht? Dürfen wir englische Begriffe überhaupt nicht (mehr) in ihrer Originalschreibweise verwenden? Die Antwort lautet: Doch, in bestimmten Fällen.

➲ *Die englische Originalschreibweise ist selbstverständlich zulässig, wenn man*
– *englische Aussagen oder Texte zitiert,*
– *längere englische Textpassagen formuliert,*
– *englische Begriffe bewusst als solche erhalten und/oder ihre fremdsprachliche Herkunft betonen will.*

In den genannten Fällen ist es dienlich, die englischen Texte und Wörter merklich vom deutschen Text abzuheben. Bei Zitaten tun wir das in der Regel durch Anführungszeichen.

Wie sagte einst Winston Churchill: »The empires of the future are the empires of the mind.«

Längere englische Textpassagen sind in einem gesonderten Absatz gut aufgehoben, wie das folgende Beispiel zeigt:

- statt: In unseren englischen Versandkatalogen bieten wir die rote Einkaufstasche mit schwarzen Trageriemen aus Kunstleder, Leinenfutter, zwei seitlichen Innentaschen und verstärktem Boden als Shopper, red colour with handles in fake leather black colour, internal fabric linen with 2 pockets on the side and strengthened bottom an.

+ besser: In unseren englischen Versandkatalogen bieten wir die rote Einkaufstasche mit schwarzen Trageriemen aus Kunstleder, Leinenfutter, zwei seitlichen Innentaschen und verstärktem Boden folgendermaßen an:

Shopper, red colour with handles in fake leather black colour, internal fabric linen with 2 pockets on the side and strengthened bottom.

Allerdings ist hier auf den ersten Blick noch nicht besonders gut erkennbar, dass der Text eine englische Textpassage enthält. Um die Anderssprachigkeit einer Textpassage zu visualisieren, kann eine spezielle Zeichenformatierung dienlich sein. Aussehen könnte das dann so:

In unseren englischen Versandkatalogen bieten wir die rote Einkaufstasche mit schwarzen Trageriemen aus Kunstleder, Leinenfutter, zwei seitlichen Innentaschen und verstärktem Boden folgendermaßen an:
Shopper, red colour with handles in fake leather black colour, internal fabric linen with 2 pockets on the side and strengthened bottom.

Die Zeichenformatierung hilft aber auch, einzelne englische Wörter vom umgebenden deutschen Text abzuheben, um zu verdeutlichen, dass die englische Originalschreibweise bewusst gewählt wurde und gewollt ist. Die folgenden Beispiele bedienen sich bei den englischen Wörtern eines anderen Schriftschnitts (kursiv bzw. fett):

Das *full backup* ist ein gängiges Verfahren zum Sichern von Computerdaten.
Das **full backup** ist ein gängiges Verfahren zum Sichern von Computerdaten.

Für gewöhnlich ist ein abweichender Schriftschnitt für den Zweck der Hervorhebung bzw. Abgrenzung völlig ausreichend. Natürlich können wir die englischen Begriffe alternativ auch in Anführungszeichen setzen:

Der »Slip 'N Slide« ist ein Spielzeug der Firma Wham-O.

Substantive mit Größe, oder:
Think Big

Ach, wie gerne hätte ich auch dieses Kapitel mit »Aller Anfang ist leicht« betitelt. Aber da ich diese Überschrift schon verwendet habe, wähle ich »Think Big«, wenngleich es hier um keine sonderlich große Sache geht. Vielmehr geht es um die simple Frage, ob wir englische Substantive kleinschreiben (wie im Englischen) oder doch eher groß. Wer das vorausgegangene Kapitel aufmerksam gelesen hat und die aktuelle Überschrift zu deuten weiß, müsste die Antwort bereits kennen. Aber dazu später mehr.

Im schnelllebigen Zeitalter des elektronischen Informationsaustauschs hat die Kleinschreibung einen ganz besonderen Reiz erlangt. Ob SMS, E-Mail oder Chat – quasi über Nacht musste die Menschheit mit dem Eingabemedium »Tastatur« Freundschaft schließen. Niemand fragte danach, wer das 10-Finger-System beherrschte. Dem Geschwindigkeitsrausch hoffnungslos verfallen und gehetzt vom Puls der Zeit, tippen seither ganze Nationen mehr oder weniger schnell und – um das Ganze nicht unnötig zu verkomplizieren – alles klein. Das ist nicht nur einfacher, sondern spart auch Tastendrücke, die das Tipptempo unnötig drosseln könnten.

Die Idee, alles kleinzuschreiben, ist wahrlich nicht neu. Wer sich ein Bild davon machen möchte, wie das Deutsche in klein aussähe, kann sich mit einschlägiger Lektüre vergnügen. Genannt sei exemplarisch Zé do Rocks »Neudeutsch«, das er einst in seinem Buch *Fom Winde ferfeelt*[2] eindrucksvoll entwickelte und inzwischen mit den Varianten »netdeutsch« und »ultradoitsh« perfektioniert hat. Dennoch hat die durchgängige Kleinschreibung bislang offensichtlich nicht überzeugt und nach wie vor keinen Eingang in die deutsche Grammatik gefunden. Folglich stellt sich die Frage nach der korrekten Schreibung englischer Substantive, haben wir doch als Kinder mühsam gelernt, deutsche Substantive groß- und englische kleinzuschreiben. Wie sollten wir dann als Erwachsene je auf den Gedanken kommen, dass es auch anders sein könnte? Fakt ist aber:

➲ *Englische Substantive werden in deutschen Texten grundsätzlich großgeschrieben.*

Die im vorherigen Kapitel genannte oberste Regel hat dies schon vermuten lassen. Denn wenn die Schreibung von Anglizismen in deutschen Texten sich grundsätzlich nach deutschen Rechtschreib- und Grammatikregeln richtet, kommen englische Substantive um einen großen Anfangsbuchstaben nicht herum, und zwar unabhängig davon, ob es sich um einfache oder zusammengesetzte Substantive handelt.

---

[2] Zé do Rock, *Fom Winde ferfeelt. Welt-Strolch macht Links-Shreibreform*, München: Piper 1997.

(Auf die diversen Spezifika Letzterer geht ein gesondertes Kapitel noch genauer ein.) Da sich jeder von uns vorstellen kann, wie englische Substantive aussehen, wenn sie mit einem Großbuchstaben beginnen, verzichten wir hier auf eine endlose Beispielliste, sondern nennen nur zwei zusammengesetzte Substantive, die fälschlicherweise oft klein daherkommen:

falsch	richtig
eCommerce	E-Commerce
email	E-Mail

Ein besonderes Augenmerk ist allerdings auf englische Substantive zu richten, die innerhalb eines zusammengesetzten Substantivs mit mehr als zwei Wortgliedern stehen.

> First-Class-Hotel (für: Hotel erster Klasse, Luxushotel)
>
> Just-in-time-Produktion (für: bedarfssynchrone Produktion)
>
> Up-to-date-Berichte (für: aktuelle Berichte)

Wie die Beispiele zeigen, werden diese Substantive (hier: *Class*, *time*, *date*) nicht durchgängig großgeschrieben. Der Grund dafür liegt darin, dass diese Wörter nicht alle substantivisch verwendet werden.

Wortbestandteil	substantivische Verwendung	adjektivische Verwendung
First-Class-...	erster Klasse	
Just-in-time-...		bedarfssynchron
Up-to-date...		aktuell

In den letzten beiden Beispielen sind die englischen Substantive Bestandteil einer adjektivischen Fügung, also eines zusammengesetzten Ausdrucks, der in seiner Gesamtheit adjektivischen Charakter hat. Daraus lässt sich ableiten:

⮑ *Englische Substantive innerhalb adjektivischer Fügungen, die zum Glied von Zusammensetzungen werden, werden kleingeschrieben.*

Natürlich könnte man zu Recht den Einwand vorbringen, *first class* sei ebenfalls adjektivisch zu verwenden (im Sinn von erstklassig). Wie so oft zeigt sich jedoch auch hier, dass letztlich die deutsche Übersetzung des jeweiligen Begriffs den Ausschlag gibt. Oder anders gesagt: Form follows Function. Da also *First-Class-Hotel* nicht mit »erstklassiges Hotel« übersetzt wird, sondern mit »Erste-Klasse-Hotel« oder »Hotel erster Klasse«, wird dem Ausdruck *First-Class*... hier eine substantivische Verwendung zugesprochen.

Kurzer Prozess mit Abkürzungen, oder:
FWIW

Englische Abkürzungen gibt es viele, und eine Vielzahl von ihnen muss man nicht zwingend kennen. Dazu gehört unter anderem *FWIW* (for whatever it's worth), was so viel heißt wie: wozu es auch gut sein mag. Dann gibt es Abkürzungen, die fast jeder kennt, wie *FAQ* (frequently asked questions), solche, die sich zweifelsfrei klein- oder großschreiben, und solche, deren Schreibung hie und da Fragen aufwirft.

Kleingeschriebene englische Abkürzungen müssen uns nicht großartig kümmern, denn sie dringen nur selten bis ins Deutsche vor und werden dort in der Regel auch nicht auffällig. Das liegt daran, dass solche Abkürzungen vielfach nur vermeintlich englisch sind. Bei genauerer Betrachtung sind sie oft lateinischer Herkunft. Ein Beispiel dafür ist die Abkürzung *a. m.* (ante meridiem), die zwar englisch ausgesprochen wird, aber nicht englisch ist. Eine echt englische Abkürzung ist hingegen *c/o* (care of), die sich in dieser DUDEN-konformen Schreibung bereits eingebürgert hat und deshalb selten Anlass zu Beanstandungen gibt.

Die meisten englischen Abkürzungen, die uns in deutschen Texten begegnen, sind substantivischer Natur. Und wie für englische Substantive gilt:

➲ *Substantivische Abkürzungen werden in deutschen Texten grundsätzlich großgeschrieben.*

Das betrifft sowohl Abkürzungen, die die Anfangssilbe(n) eines einzelnen Wortes wiedergeben (s. im Deutschen *Sani* für Sanitäter), als auch solche, die sich aus den Anfangsbuchstaben mehrerer Silben oder Wörter zusammensetzen (s. im Deutschen *LKW* für Lastkraftwagen). Bei einigen steht es uns zudem frei, sie nur mit einem Großbuchstaben beginnen zu lassen oder sie vollständig großzuschreiben. Bei manchen Abkürzungen tauchen hie und da sogar Punkte auf:

Abkürzung	für das Wort bzw. den Ausdruck
Ave	Avenue
CEO	Chief Executive Officer
MON oder Mon	Monday
VIP oder V.I.P.	very important person

Zumeist sind derlei Abkürzungen in einer korrekten Schreibweise verbreitet und werden nicht zum orthografischen Zweifelsfall. Denken wir auch an *NATO* (North Atlantic Treaty Organization) oder *IT* (Information Technology). In einigen Fachsprachen gibt es jedoch Abkürzungen, deren Schreibung nicht so eindeutig erscheint, sodass Fehler möglich sind. Beispiele dafür liefert die EDV-Sprache mit ihren Abkürzungen für Dateiformate:

falsch	richtig
exe (für: executable)	Exe oder EXE
pdf (für: Portable Document Format)	PDF
xml (Extensible Markup Language)	XML

So weit, so gut. Doch die nächste Gefahr lauert bereits bei der Bildung zusammengesetzter Substantive unter Verwendung von Abkürzungen. Während der Begriff *EXE-Format* noch korrekt ist, bewegen wir uns mit dem *PDF-Format* schon auf dünnem Eis. Denn das »F« in *PDF* steht bereits für »Format«. Ähnliches erleben wir auch in der Werbung, wenn z. B. *LCD-Displays* angeboten werden (LCD = Liquid Crystal Display).

falsch, aber üblich	richtig, aber unüblich
LCD-Display	LC-Display oder nur LCD
PDF-Format	PD-Format oder nur PDF

Die Sprachforscher scheinen sich mit diesem Phänomen jedoch längst arrangiert zu haben, was durch einen angemessenen Fachausdruck belegt wird, der das Kind beim Namen nennt: »RAS-Syndrom« (RAS = Redundantes-Akronym-Syndrom). Wie so oft gibt es auch beim »RAS-Syndrom« Mittel und Wege, sich geschickt aus der Affäre zu ziehen. Am einfachsten geht das, indem man zusammengesetzte Substantive mit Wörtern bildet, die sinngemäß nicht in der Abkürzung enthalten sind:

- statt	+ besser
Fernseher mit LCD-Display	LCD-Fernseher
Datei im PDF-Format	PDF-Datei

Halten wir also fest:

➲ *Das »RAS-Syndrom« lässt sich durch geschickte Formulierungen vermeiden.*

Es gibt aber auch hoffnungslose Fälle, wie z. B. die Abkürzung *SMS* (Short Message Services), die im deutschen Sprachgebrauch in einer falschen Bedeutung verwendet wird. Schließlich versenden wir ja keine *Services*, sondern *Messages*. Der Fehlgebrauch ist in diesem Fall aber gesellschaftsfähig, denn wer möchte schon in aller Öffentlichkeit *SM* verbreiten?

Bei all diesen Betrachtungen gänzlich außen vor bleibt der Netzjargon, den sich mittlerweile auch die Werbung gern zunutze macht. Im Bestreben um einen möglichst schnellen Informationsaustausch hat er zahlreiche neue Abkürzungen hervorgebracht, die sich keinen festen Regeln fügen. Alles scheint erlaubt zu sein außer ... Schneckentempo. Wer da nicht mithalten kann, sollte dringend um einen Moment der Auszeit (*mom*) bitten oder sich auf später vertagen (*cul8r*: see you later). Und wenn am anderen Ende der Chat-Welt gar nichts mehr vorangeht, kann uns die folgende Empfehlung schon einmal in den Fingern jucken: *afk* (away from keyboard). Auf die mögliche Rückfrage: *y?* (why?), sollten wir aber in jedem Fall ehrlich antworten: *pebkac* (problem exists between keyboard and chair). Und jeden, der bei solch niederschmetternder Kritik die Fassung bewahrt, kann man dazu nur beglückwünschen: *grats* (congratulations). Leider schaffen das nicht alle, aber das ist eben *rl* (real life).

Puzzlepartie der Zusammensetzungen, oder: *Come together!*

Die deutsche Sprache liebt starke Wortverbindungen, was sich in einzigartiger Weise bei zusammengesetzten Substantiven (Komposita) wie der Donaudampfschifffahrtsgesellschaftskapitänsmützenkokarde oder dem Fichtelgebirgsseilschwebebahnbergstationstoilettenaufsichtspersonal zeigt. Doch wie ist das im Englischen und erst recht bei Anglizismen? Um dieser Frage nachzugehen, widmet sich dieses Kapitel englischen Zusammensetzungen und unerwünschten Seilschaften.

Während Zusammensetzungen – wie der Name schon sagt – im Deutschen zusammengeschrieben werden (sei es in einem Wort oder in mehreren durch Bindestriche gekoppelten Wörtern), verfügt das Englische über eine ansehnliche Zahl von Zusammensetzungen, deren Bestandteile getrennt geschrieben, d. h. durch Leerzeichen getrennt werden, obwohl sie als zusammengehöriges Wort verstanden werden, so z. B. *hot dog*. Diese unterschiedliche Handhabung entpuppt sich bei der Verwendung von Anglizismen in deutschen Texten als große Fehlerquelle. Regeln sind also notwendig, deshalb hier sogleich die ersten:

➲ Substantivische Zusammensetzungen, die nur aus Substantiven bestehen, werden vorzugsweise zusammengeschrieben.

falsch	richtig
Call Center	Callcenter
Computer Freak	Computerfreak
Sound Check	Soundcheck
Team Work	Teamwork
Zip Datei	Zipdatei

➲ Substantivische Zusammensetzungen, die mit einem Adjektiv oder einem Partizip beginnen, werden zusammengeschrieben, wenn die Betonung ausschließlich auf dem ersten Glied liegt.

Englisch	Deutsch
blue jeans	Bluejeans
chewing gum	Chewinggum
highway	Highway

➲ Substantivische Zusammensetzungen, die mit einem Adjektiv oder einem Partizip beginnen, kann man getrennt schreiben, wenn

– die Betonung nicht ausschließlich auf dem ersten Glied liegt und

– das englische Ursprungswort auch getrennt geschrieben wird.

Englisch	Deutsch	
	Hauptform[3]	*Nebenform*
common sense	Commonsense	Common Sense
compact disc	Compactdisc	Compact Disc
corned beef	Cornedbeef	Corned Beef
embedded help	Embeddedhelp	Embedded Help
fast food	Fastfood	Fast Food
floating pool	Floatingpool	Floating Pool
hot dog	Hotdog	Hot Dog
slow motion	Slowmotion	Slow Motion
small talk	Smalltalk	Small Talk

Nach den bisher genannten Regeln mag der Hinweis überflüssig erscheinen, aber sicherheitshalber sei gesagt, dass auch bei der Getrenntschreibung das erste Wort großgeschrieben werden muss, weil es sich im Ergebnis um ein zusammengesetztes Substantiv handelt.

Die Getrenntschreibung mancher englischer Substantive hat hierzulande völlig unerwartete Begehrlichkeiten geweckt und das Deutsche inzwischen gefährlich infiltriert. Aus dem Nichts tauchte irgendwann das sogenannte »Deppenleerzeichen«, also das Leerzeichen in Komposita auf. Seither spaltet es alles, was ihm in die Quere kommt, und nimmt vormals stabilen Wörtern jeden (Zusammen-)Halt. Nach englischem

---

[3] Als Hauptform wird im Folgenden die bevorzugte Variante der Schreibung in deutschen Texten bezeichnet. Die Nebenform hingegen ist weniger üblich, aber dennoch korrekt.

Vorbild muss sich das Deutsche auf einmal mit einem *Diplom Volkswirt* herumschlagen, der in einer *Frisch Back Stube* seine *Sesam Brötchen* kauft, bevor er zum *Herren Schneider* geht, um sich einen *Maß Anzug* anfertigen zu lassen. (Ganz nebenbei: Die Rechtschreibprüfung meines Textverarbeitungsprogramms hat nicht eines der gespaltenen Wörter als fehlerhaft markiert!) Was sollen wir dem zerstreuten *Diplom Volkswirt* nun raten? Sollte er besser auf den Sesam verzichten oder seine Brötchen künftig woanders holen? Sollte er sich mit einem Anzug von der Stange begnügen und diesen in einem einfachen Laden kaufen? Was auch immer wir ihm empfehlen, wir sollten ihn warnen: Vorsicht Spalt! Oder um es mit den Worten des Londoner Untergrunds auch unseren englischen Freunden verständlich zu machen: Mind the Gap! Nach diesem gut gemeinten Rat wenden wir uns nun wieder den zusammengesetzten Substantiven zu.

Um Grundwort (Bestimmungswort) und modifizierende Wörter deutlich voneinander abzugrenzen, kann in vielen Fällen ein Bindestrich gesetzt werden wie z. B. bei Multiuser-Mode. Zur Anwendung kommt der Bindestrich vor allem dann, wenn die Zusammensetzung ausschließlich aus Substantiven besteht.

➲ *Bindestriche sind erlaubt, wenn eine Zusammensetzung schwer lesbar ist oder als unübersichtlich empfunden wird.*

Englisch	Deutsch	
	Hauptform	*Nebenform*
desktop publishing	Desktoppublishing	Desktop-Publishing
full-time job	Fulltimejob	Fulltime-Job
–	Onlineeingabe	Online-Eingabe
product placement	Productplacement	Product-Placement
–	Toolabhängigkeit	Tool-Abhängigkeit
–	Zipdatei	Zip-Datei

Wie die Beispiele zeigen, können Bindestriche die Struktur der Zusammensetzung verdeutlichen und beim Lesen die Einzelwortdifferenzierung erleichtern. Unnötig ist dies bei Zusammensetzungen, die getrennt geschrieben werden dürfen. Daraus ergibt sich die folgende Regel:

➲ *Unzulässig sind Bindestriche bei substantivischen Zusammensetzungen, die getrennt geschrieben werden dürfen.*

falsch	richtig	
Common-Sense	Common Sense	Commonsense
Compact-Disc	Compact Disc	Compactdisc
Corned-Beef	Corned Beef	Cornedbeef
Embedded-Help	Embedded Help	Embeddedhelp
Fast-Food	Fast Food	Fastfood
Floating-Pool	Floating Pool	Floatingpool
Hot-Dog	Hot Dog	Hotdog
Small-Talk	Small Talk	Smalltalk

So viel zu den Bindestrich-Don'ts. Denn der überwiegende Teil der Zusammensetzungen lässt einen Bindestrich zu, favorisiert ihn oder schreibt ihn sogar vor.

➲ *Der Bindestrich steht bevorzugt bei substantivischen Zusammensetzungen aus Verb + Funktionswort (wie Präposition oder Adverb).*

In diesen Fällen entspricht die Bindestrichschreibung der Vorzugsvariante. Alternativ können solche Zusammensetzungen aber auch in einem Wort zusammengeschrieben werden:

Hauptform	Nebenform
Black-out	Blackout
Coming-out	Comingout
Count-down	Countdown
Kick-off	Kickoff
Know-how	Knowhow
Lay-out	Layout
Rooming-in	Roomingin
Stand-by	Standby
Aber:	
Readymade	Ready-made

➲ *Ein Bindestrich steht immer dann, wenn Funktionswörter (wie Präpositionen oder Konjunktionen) in jedweder Form Bestandteil einer substantivischen Zusammensetzung sind.*

Business-to-Business-Messe

Do-it-yourself-Anleitung

Just-in-time-Produktion

Stop-and-go-Verkehr

To-do-Liste

Two-in-one-Shampoo

Darüber hinaus gibt es etliche Ausdrücke, für die eine Bindestrichschreibung empfohlen wird.

➲ *Bestimmte Ausdrücke schreiben sich (z. B. aufgrund der Sprachüblichkeit) mit Bindestrich.*

Add-on

Boogie-Woogie

Make-up

Stand-alone

Time-out

Walkie-Talkie

Da die Sprachüblichkeit in vielen Fällen relevant ist, muss man sich stets bewusst sein, in welch veränderungsfreudigem Umfeld man sich bewegt. Da ist es hilfreich, fragliche Zusammensetzungen von Zeit zu Zeit immer wieder einmal nachzuschlagen. Nicht nachschlagen muss man zum Glück die nächsten Regeln zur Bindestrichschreibung, denn:

➲ *Ein Bindestrich steht immer dann, wenn Abkürzungen Bestandteil einer Zusammensetzung werden.*

CD-Laufwerk

E-Commerce

X-mas-Grüße

➲ *Ein Bindestrich steht immer dann, wenn Bindestrichkom-*
posita Bestandteil einer neuen Zusammensetzung werden.

Bindestrichkompositum	Neue Zusammensetzung
NT-Umgebung	Windows-NT-Umgebung
Pull-down	Pull-down-Menü
Make-up	Abend-Make-up
	Make-up-Artist
Rooming-in	Rooming-in-Effekt
Time-out	Time-out-Fehler

Nun haben Sie viel über zusammengesetzte Substantive
gelernt, die zweifelsohne den Großteil der Komposita aus-
machen. Natürlich sollen aber auch diejenigen Zusammensetzungen zu ihrem Recht kommen, die im Ergebnis ein zusammengesetztes Adjektiv oder Partizip liefern. Im Großen
und Ganzen sind die genannten Regeln auch hier anzuwen-
den. Doch fassen wir das Wichtigste zusammen:

➲ *Zusammengesetzte Adjektive und Partizipien werden vor-*
zugsweise zusammengeschrieben.

computergestützt

hardwareabhängig

jeansblau

stonewashed

➲ *Zusammengesetzte Adjektive, Adverbien und Funktions-*
  wörter, die im Englischen getrennt geschrieben werden,
  werden auch im Deutschen getrennt geschrieben.

all in one (für: alles in einem)

first class (für: erstklassig)

just in time (für: rechtzeitig, pünktlich)

on top (für: noch dazu, darüber hinaus)

to go (für: zum Mitnehmen)

up to date (für: aktuell, auf dem neuesten Stand)

➲ *Die Bindestrichschreibung zusammengesetzter Adjektive*
  oder Partizipien, die mit einem Substantiv beginnen, be-
  dingt die Großschreibung des einleitenden Substantivs.

Computer-gestützt

Hardware-abhängig

Make-up-frei

Wieder einmal bestätigen aber Ausnahmen die Regel. So be-
ginnt das Adjektiv *stonewashed*, wenn wir es im Deutschen
mit Bindestrich schreiben (*stone-washed*), nicht mit einem
Großbuchstaben, und zwar mit Rücksicht auf das englische
Ursprungswort.

Auf den ersten Blick könnten die Regeln für Zusammensetzungen mit Anglizismen kompliziert und undurchsich-
tig erscheinen. Bei genauem Hinsehen jedoch ergeben sich
die meisten als logische Konsequenz aus ganz einfachen

Vorgängerregeln. Bibbern muss jedenfalls niemand, wenn es um Zusammensetzungen geht. Erstens profitieren wir vom mittlerweile sehr liberalen Bindestricheinsatz im Deutschen. Zweitens können wir manche Zusammensetzung auf verschiedene Weise richtig schreiben, was die Trefferwahrscheinlichkeit erhöht (z. B. *Backupverfahren*, *Backup-Verfahren* oder *Back-up-Verfahren*). Und drittens können wir uns in den meisten Fällen auf die Vorliebe des Deutschen für das Zusammenschreiben verlassen. Also merken wir uns am besten die wenigen Regeln, nach denen wir nicht zusammenschreiben dürfen. Dann kann beim Rest nicht mehr viel schiefgehen.

Kampf der Geschlechter, oder:
As You Like It

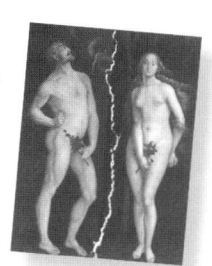

Nachdem Sie die ersten Hürden der Rechtschreibung von Anglizismen genommen haben, können Sie sich in diesem Kapitel einem weiteren wichtigen Thema zuwenden: dem grammatikalischen Geschlecht englischer Substantive, das unter dem Motto »des einen Freud, des andern Leid« stehen könnte. Denn weil die Engländer das Gros ihrer Substantive kurzerhand zum Neutrum erklärt haben, müssen wir uns das Geschlecht der Wörter mühsam aus den Fingern saugen, um englische Substantive im Deutschen mit dem passenden Artikel bzw. einem korrekt gebeugten Adjektiv versehen oder sie gar durch ein Personalpronomen ersetzen zu können. In der grammatikalischen Geschlechterfrage mangelt es indes an verbindlichen Regeln. Und so müssen wir uns mehr schlecht als recht zunächst mit folgenden Hinweisen begnügen, die für alle fremdsprachigen Substantive gelten:

➲ *Das deutschgrammatikalische Geschlecht von Substantiven richtet sich grundsätzlich nach deren Endung, wobei gleich endende Wörter tendenziell dasselbe Geschlecht haben. Vielfach ist das Geschlecht des deutschen Übersetzungs-*

wortes bzw. eines sinnverwandten deutschen Wortes zu übernehmen.

Wollen wir den ersten Satz dieser Orientierungshilfe auf Anglizismen anwenden, folgt in der Praxis sogleich die erste Ernüchterung. Denn englische Endungen halten nicht, was sie vermeintlich versprechen, sodass wir leidvoll feststellen müssen, dass Wörter mit gleicher Endung oft nicht dasselbe Geschlecht haben: das *Center* – die *Manpower*, die *Gang* – der *Slang*, das *Gap* – der *Flop*. Im Gegensatz zu romanischen Sprachen, deren Substantive mit ihrer Wortendung meist einen brauchbaren Indikator zur Geschlechtsermittlung liefern, hilft uns bei Anglizismen der Wortendungstrick nicht viel. Also verlassen wir uns auf den zweiten Hinweis, der besagt, dass für das englische Substantiv das Geschlecht des deutschen Übersetzungswortes bzw. eines sinnverwandten deutschen Wortes zu übernehmen ist. Wie wenig verlässlich und hilfreich selbst dieses Vorgehen ist, zeigt sich, wenn man das letztgenannte Wortpaar einmal genauer betrachtet.

Übersetzungsbeispiele für …	
gap	flop
Abstand *m*	Fehlschlag *m*
Differenz *f*	Luftnummer *f*
Loch *n*	Misserfolg *m*
Lücke *f*	Pleite *f*
Spalt *m*	Reinfall *m*
Unterschied *m*	Versagen *n*
Zwischenraum *m*	Versager *m*

Das Problem besteht in der Geschlechtervielfalt bei den deutschen Übersetzungs- und sinnverwandten Wörtern. Alle Geschlechter sind vorhanden, sodass man sich letztlich des Eindrucks nicht erwehren kann, dass dem deutschgrammatikalischen Geschlecht von Anglizismen eine gewisse Variabilität oder gar Beliebigkeit anhaftet. Dieser Eindruck trügt nicht, findet er sich doch in Wörterbüchern bestätigt, die manchen Anglizismen ein gewisses Zwitterdasein einräumen: das *Level* – der *Level* (so gesehen im Duden[4]). Fazit: Wir können uns eigentlich weder an der Wortendung noch an den Übersetzungswörtern orientieren, um zum richtigen grammatikalischen Geschlecht von Anglizismen zu gelangen – falls es ein solches überhaupt gibt. Die scheinbar einfachste, schnellste und sicherste Möglichkeit besteht deshalb darin, in schlauen Büchern nachzuschlagen. Dies erhöht zwar die Trefferquote, hilft aber auch nicht immer weiter. Denn Deutschwörterbücher, die das grammatikalische Geschlecht angeben, verfügen leider nur über einen beschränkten englischen Wortschatz. Und in Fremdwörterbüchern findet man das Wort als solches zwar des Öfteren, Hinweise zu dessen grammatikalischem Geschlecht werden jedoch zumeist unterschlagen. Schließlich will das Fremdwörterbuch ja in erster Linie Begriffe übersetzen und keine grammatikalischen Fragen klären.

---

[4] Duden. *Die deutsche Rechtschreibung*. 25. Auflage. Mannheim: Bibliographisches Institut 2009.

Nachdem hier hinlänglich Vorgehensweisen betrachtet wurden, die einen kaum weiterbringen, ist es an der Zeit, nach praktikablen Lösungen zu suchen. Um im Kampf der Geschlechter zu bestehen, gilt: Hilf dir selbst, sonst hilft dir keiner! Und tatsächlich können wir uns in vielen Fällen selbst helfen. Zu den Fällen mit ausgezeichneten Erfolgsaussichten gehören verbverwandte Substantive, also diejenigen englischen Substantive, die ein passendes Verb im Schlepptau haben: *Reset – to reset*. Bei solchen Substantiven besteht die Möglichkeit, die Geschlechterfrage (*der* oder *das Reset*?) ganz einfach zu umgehen:

➲ *Machen Sie aus verbverwandten Substantiven substantivierte Verben (englisches Gerund) sächlichen Geschlechts.*

Diese Vorgehensweise ist uns vertraut, wenngleich sie uns in manchen Fällen nicht bewusst wird, denken wir etwa an *Catering* oder *Jobsharing*.

fragliches Geschlecht	sächliches Geschlecht
der/das (?) Download	das Downloading
der/das (?) Kick-off	das Kicking-off
der/das (?) Reset	das Resetting
der/die/das (?) Review	das Reviewing

Steht das Geschlecht erst einmal außer Zweifel, sollte die Wahl des korrekten Artikels nicht weiter schwer fallen. Es gibt aber auch Fälle, in denen wir uns intuitiv oder aus Gewohnheit für einen männlichen, weiblichen oder sächlichen

Artikel entscheiden, ohne es näher begründen zu können. Der häufigste Grund ist vermutlich, dass sich im Sprachgebrauch bestimmte Wortgeschlechter über die Zeit hinweg eingebürgert haben und wir diese einfach übernehmen – was der allgemeinen Verständigung durchaus dienlich ist. Heikel wird es jedoch, wenn wir Anglizismen verwenden, die uns bezüglich ihres Geschlechts im Ungewissen lassen. Die Geschlechterfrage lässt sich aber recht elegant umschiffen, indem man das betreffende Substantiv im Plural gebraucht, sofern der Textkontext dies erlaubt:

➲ *Um die Geschlechterfrage zu umgehen, verwenden Sie englische Substantive in der Mehrzahl.*

Die Mehrzahlform führt nämlich zum eindeutigen Artikel »die«.

fragliches Geschlecht	Mehrzahl
der/das (?) Catsuit	die Catsuits
der/das (?) Download	die Downloads
der/das (?) Gap	die Gaps
der/das (?) Hotdog	die Hotdogs
der/das (?) Reset	die Resets
der/die/das (?) Review	die Reviews

Darüber hinaus bietet die Mehrzahlform einen bestechenden Mehrwert: Bei bestimmten Satzkonstruktionen mit Adjektiv kann man auf den Artikel verzichten, was bei der Verwendung von Einzahlformen nicht möglich ist.

mit Artikel	ohne Artikel
Der/Das (?) schwarze Catsuit trägt weniger auf.	–
Die schwarzen Catsuits tragen weniger auf.	Schwarze Catsuits tragen weniger auf.

Mehrzahlformen verschaffen Ihnen also ein wenig mehr Spielraum in Sachen »Stil« und bilden eine sichere Grundlage für die Zuordnung korrekt gebeugter Adjektive, ohne das Geschlecht des Substantivs zu kennen. Wo weder Adjektive noch Mehrzahl nötig sind, kann man sich, wenn es möglich ist, in Zweifelsfällen auch dem Unbestimmten hingeben:

➲ *Wenn Sie zwischen männlich und sächlich schwanken, verwenden Sie bei Einzahlformen den unbestimmten Artikel.*

fraglicher Einzahlartikel	unbestimmter Einzahlartikel
der/das (?) Catsuit	ein Catsuit
der/das (?) Download	ein Download
der/das (?) Gap	ein Gap
der/das (?) Hotdog	ein Hotdog
der/das (?) Reset	ein Reset

Sollten die bisher genannten Möglichkeiten im konkreten Fall nicht weiterhelfen, können Sie bei vollständigen Sätzen den Artikel vielfach auch umgehen:

➲ *Um Artikel zu umgehen, formulieren Sie Sätze einfach um.*

- statt: Der/Das (?) Hotdog ist ein Schnellimbiss, der aus einer erwärmten Brühwurst in einem länglichen, meist weichem Weizenbrötchen besteht, das üblicherweise getoastet wird.

+ besser: Der Begriff *Hotdog* bezeichnet einen Schnellimbiss, der aus einer erwärmten Brühwurst in einem länglichen, meist weichem Weizenbrötchen besteht, das üblicherweise getoastet wird.

oder: Ein Schnellimbiss, der aus einer erwärmten Brühwurst in einem länglichen, meist weichem Weizenbrötchen besteht, das getoastet wird, heißt »Hotdog«.

Wenn Sie es stattdessen lieber kurz und bündig mögen, hier ein weiterer Tipp:

➲ *Um die Geschlechterfrage zu umgehen, bilden Sie Aufzählungen.*

Diese Option greift freilich nur, wenn es genug Wörter zum Aufzählen gibt und wenn Sachverhalt wie Textumfeld eine Aufzählung vertragen:

- statt: Bei Software-Anwendungen bezeichnet der/das (?) Log-in das Anmelden und der/das (?) Log-out das Abmelden.

+ besser: Bei Software-Anwendungen bezeichnen Log-in und Log-out folgende Vorgänge:

– Log-in: das Anmelden,

– Log-out: das Abmelden.

Den Geschlechterzwang auszuhebeln, indem man bei englischen Substantiven den Artikel weglässt, mag in dem einen oder anderen Fall hilfreich sein, hat aber weit reichende Konsequenzen, die Sie beim Schreiben einschränken oder gar behindern. Denn durch das Umgehen der Geschlechterproblematik haben Adjektive, die das Substantiv ergänzen, und Personalpronomen, die es ersetzen könnten, keine Chance mehr. Es muss zwangsläufig darauf verzichtet werden.

Ein weiterer, sehr spezieller Fall, auf den nur kurz eingegangen werden soll, sind Eigennamen, vor allem Produktnamen. Diese können missverständlich sein oder für Irritationen sorgen, wenn ihnen, wie im folgenden Satz, unüberlegt ein Geschlecht zugewiesen wird: »Das Bekannteste in diesem Zusammenhang ist der Apache Server.« Was aber ist »der Apache Server«? Dem Laien könnte die richtige Antwort schwer fallen, denn »der Apache Server« assoziiert unter Umständen ein Hardware-Produkt. Wäre dieser Eindruck korrekt, wäre allerdings die Schreibweise falsch. Denn nach allem, was wir inzwischen über zusammengesetzte Substantive wissen, müsste hier ein Bindestrich gesetzt werden (*Apache-Server*). Der eingefleischte ITler weiß es aber besser, denn »der Apache Server« ist eine Software. Wer hätte das gedacht?

Das Setzen von Artikeln kann aber nicht nur zu Verwechslungen von Dingen führen, sondern sogar zu Verwechslungen mit Personen, wie dieser Satz zeigt: »Der Recovery

Manager spielt einzelne Elemente aus der Datensicherung zurück.« Spontan haben wir einen freundlichen Herrn vor Augen, der sich emsig an unseren Daten zu schaffen macht. Schön wär's! In Wahrheit müssen wir selbst aktiv werden, denn »der Recovery Manager« ist weder eine krisentaugliche Führungskraft aus Fleisch und Blut noch ein Mensch gewordener Rettungsanker, sondern lediglich ein Software-Tool. Angesichts solcher Zweideutigkeiten empfiehlt sich folgender Tipp:

➲ *Verwenden Sie Produktnamen ohne Artikel.*

Angewendet auf die genannten Sätze und Begriffe, ergeben sich folgende Formulierungsvarianten:

- **statt:** Das Bekannteste in diesem Zusammenhang ist der Apache Server.
+ **besser:** Das Bekannteste in diesem Zusammenhang ist *Apache Server*.

- **statt:** Der Recovery Manager spielt Elemente aus der Datensicherung zurück.
+ **besser:** »Recovery Manager« spielt Elemente aus der Datensicherung zurück.

Kursivschrift oder Anführungszeichen veranschaulichen den Eigennamencharakter der betreffenden Wörter zusätzlich. Und wem das noch nicht ausreicht, der kann selbst die kleinsten Restspuren von Zweideutigkeit endgültig tilgen:

➲ *Setzen Sie vor Produktnamen einen Zusatz.*

> **- statt:** Das Bekannteste in diesem Zusammenhang ist *Apache Server*.
>
> **+ besser:** Das Bekannteste in diesem Zusammenhang ist die Software *Apache Server*.

> **- statt:** »Recovery Manager« spielt Elemente aus der Datensicherung zurück.
>
> **+ besser:** Das Software-Tool »Recovery Manager« spielt Elemente aus der Datensicherung zurück.

Diese Formulierungsvarianten haben den großen Vorteil, dass man im weiteren Verlauf des Textes auf die Begriffe »Software« bzw. »Software-Tool« zurückgreifen kann, die sich zudem völlig problemlos mit Adjektiven versehen und durch Personalpronomen ersetzen lassen. Auf diesem Weg lässt sich nicht nur die Nennung von Produktnamen minimieren, sondern auch die grammatikalische Problematik, die ihr innewohnt.

Mehrzahl ist mehr, oder:
The S after

Egal ob wir es mit dem Geschlecht von Substantiven aufnehmen oder selbiges umgehen, sehr
erfolgreich drücken wir uns meist vor ihrer Beugung. So
vermeiden wir vor allem die Pluralbildung, obwohl der Fall
hier relativ klar liegt, denn:

➲ *Die Pluralform englischer Substantive in deutschen Texten
endet in der Regel auf -s.*

Singular	Plural
Add-on	Add-ons
Gap	Gaps
Hotdog	Hotdogs
Job	Jobs
Patch	Patchs
Review	Reviews
Sound	Sounds
Time-out	Time-outs

➲ *Vom Mehrzahl-S verschont bleiben Substantive, die ausschließlich in der Einzahl gebräuchlich sind (Singularetantum).*

Singular	Plural
Equipment	–
Hip-Hop	–
Patchwork	–

Weniger eindeutig ist die Pluralbildung bei Substantiven, die auf -er enden.

➲ *Substantive, die auf -er enden, verzichten bei der Plural-bildung meist auf das Mehrzahl-S.*

Singular	Plural
Manager	Manager
Newsletter	Newsletter
Slipper	Slipper
Tuner	Tuner

Abhängig von der Sprachüblichkeit kann hier aber ein Mehrzahl-S stehen oder optional sein. Letzteres ist dann der Fall, wenn beide Varianten (mit und ohne S) etwa gleich häufig im Gebrauch sind:

Singular	Plural
Global Player	Gobal Player[s]
Sneaker	Sneakers

Auch bei Substantiven, die in der Einzahl auf -y enden, hapert es zuweilen mit dem Nominativ Plural. Korrekt ist hier:

➲ *Die englische Singular-Wortendung -y wird im Plural zu*
  -ys (nicht zu -ies!).

Singular	Plural
Baby	Babys
Copy	Copys
Party	Partys
Query	Querys

Diese Pluralbildung mag befremden, da sie dem englischen Original entgegensteht. Dennoch ist sie korrekt und zudem wesentlich leichter zu merken, da an die Einzahlform lediglich der Buchstabe S angehängt werden muss. Ebenso verhält es sich mit Substantiven, die im Singular auf **-ie** enden. Auch hier wird einfach nur ein abschließendes S ergänzt.

➲ *Die englische Singular-Wortendung -ie wird im Plural zu*
  -ies.

Diese Regel erscheint logisch und nachvollziehbar, entspricht sie doch dem, was wir im schulischen Englischunterricht seinerzeit gelernt haben.

Singular	Plural
Barbie	Barbies
Bootie	Booties
Hippie	Hippies
Walkie-Talkie	Walkie-Talkies
Yuppie	Yuppies

In diesem Zusammenhang bringen uns die Begriffe *Girly* und *Girlie* in ein echtes Dilemma. Während *Girly* in den 1990ern ursprünglich noch *Girly Girl* hieß und seine Solokarriere als Einzelwort erst später begann, wandelte es sich im deutschen Schoß zu denglisch *Girlie*. Unter grammatikalischen Gesichtspunkten können *Girly* und *Girlie* aber gleichermaßen behandelt werden. Um der Gastsprache Englisch den nötigen Respekt zu zollen und denglischen Sprachderivaten nicht unnötig Vorschub zu leisten, wäre *Girlys* allerdings die wahrscheinlich bessere Pluralform.

Eine Wahl zwischen zwei Varianten haben wir vielfach auch bei der Mehrzahlform substantivischer Abkürzungen. Es gibt Fälle, in denen das Mehrzahl-S – wie bei deutschen Abkürzungen – stehen muss, und andere, in denen es optional ist.

➲ *Abkürzungen brauchen kein Mehrzahl-S, wenn ihr Plural durch Artikel oder Satzzusammenhang ausreichend deutlich wird.*

Singular	Plural
die CD	die CDs
der PC	die PC[s]

Da der Artikel von *CD* im Singular wie im Plural gleich ist, muss das Mehrzahl-S hier stehen. Bei *PC* hingegen ist es überflüssig, da durch die unterschiedlichen Artikel bereits eine Differenzierung zwischen Ein- und Mehrzahl erfolgt. Wer nicht lange überlegen will, setzt stets ein Mehrzahl-S. Das stimmt immer.

Die Wiederentdeckung des Genitivs, oder: *Lost and Found*

Ähnlich wie im Deutschen ist auch bei Anglizismen inzwischen eine bedrohliche Schwindsucht des Genitivs festzustellen, obwohl die Bildung des Genitivs bei englischen Wörtern im Deutschen ebenso simpel ist wie ihre Mehrzahlbildung. Und es gibt sogar Fälle, in denen wir nichts weiter tun müssen.

➲ *Bei weiblichen Substantiven sind Einzahlnominativ und Einzahlgenitiv gleich.*

Einzahlnominativ	Einzahlgenitiv
die E-Mail	der E-Mail
die Lady	der Lady

Anders als bei den femininen Substantiven ist es mit dem Rest der Geschlechter leider nicht ganz so einfach, denn:

➲ *Bei männlichen und sächlichen Substantiven endet der Einzahlgenitiv grundsätzlich auf -s.*

Einzahlnominativ	Einzahlgenitiv
das Add-on	des Add-ons
das Gap	des Gaps
der/das Hotdog	des Hotdogs
der Job	des Jobs
der Sound	des Sounds

Aus Gründen der Sprachüblichkeit gibt es aber auch männliche und sächliche Substantive, die generell oder wahlweise auf das Genitiv-S verzichten. Häufig ist dies bei Substantiven der Fall, die auf einen Laut enden, bei dem die Zunge direkt mit den Zähnen oder mit der Gaumenseite der oberen Zähne in Berührung kommt:

Einzahlnominativ	Einzahlgenitiv
der/das Bluetooth	des Bluetooth[s]
der Breakdance	des Breakdance[s]
der Break-even	des Break-even[s]
das Burnout	des Burnout
das Business	des Business
der Bypass	des Bypass[es]
das Cash	des Cash
der Coach	des Coach[s]
der E-Commerce	des E-Commerce
das Interface	des Interface[s]
der Mix	des Mix
das Release	des Release[s]
das Time-out	des Time-out[s]

Über derlei Vielfalt kann uns sicherlich die nächste Regel hinwegtrösten:

➲ *Mehrzahlnominativ und Mehrzahlgenitiv sind gleich.*

Mehrzahlnominativ	Mehrzahlgenitiv
die Add-ons	der Add-ons
die Finishs	der Finishs
die Gaps	der Gaps
die Hotdogs	der Hotdogs
die Jobs	der Jobs
die Sounds	der Sounds

Der Genitiv von substantivischen Abkürzungen verhält sich im Wesentlichen so wie ihre Mehrzahlform.

➲ *Abkürzungen brauchen kein Genitiv-S, wenn ihr Genitiv durch Artikel oder Satzzusammenhang ausreichend deutlich wird.*

Folglich kommt der Einzahlgenitiv weiblicher Abkürzungen immer ohne Genitiv-S aus. Bei Abkürzungen männlichen und sächlichen Geschlechts ist das Genitiv-S optional.

Einzahlnominativ	Einzahlgenitiv
die CD	der CD
der PC	des PC[s]
das WC	des WC[s]

Für den Mehrzahlgenitiv gilt die genannte Regel entsprechend, wobei Abkürzungen männlichen Geschlechts eine Genitivendung haben müssen, um jede Verwechslung mit dem Einzahlnominativ auszuschließen.

Einzahlnominativ	Mehrzahlgenitiv
der CEO	der CEOs
der PC	der PCs
der VIP	der VIPs

Wem die Sache mit dem Genitiv zu kompliziert ist, dem bleibt letztlich nur, ihn zu umgehen.

➲ *Um den Genitiv zu umgehen, bilden Sie zusammengesetzte Substantive.*

Das hat den zusätzlichen Charme, dass die Formulierung in der Regel kürzer, gefälliger und weniger schwerfällig wird, wie folgende Beispiele zeigen:

- statt	+ besser
die Allüren der VIPs	die VIP-Allüren
die Rezeptur unseres Hotdogs	unsere Hotdog-Rezeptur
die Intervalle des Back-ups	die Back-up-Intervalle
das Kabel des PC[s]	das PC-Kabel
die Vermittlung dieses Jobs	diese Job-Vermittlung

Neben einer guten Seite haben derlei Zusammensetzungen aber auch eine schlechte: Sie lassen einen Interpretationsspielraum, der das korrekte Verständnis beeinträchtigen kann. Die Aufforderung »Tauschen Sie die Kabel aller PCs« entspricht nicht 1:1 der Aufforderung »Tauschen Sie alle PC-Kabel«. Der zweite Satz sagt nicht explizit, dass der Tausch an *allen* PCs durchgeführt werden soll, was zu Missverständnissen führen kann. Solche Problemfälle sind sicher selten, sollten aufgrund der möglichen Missverständlichkeit dennoch bedacht werden.

Abschließend sei noch auf den Apostroph hingewiesen, der besonders im Umfeld des Genitivs sein Unwesen treibt. Motiviert durch die englische Originalschreibung (z. B. *the master's voice*) findet sich der Apostroph vielfach auch im Genitiv von Anglizismen wieder (der Reiz dieses *Job's*). Dies ist ebenso falsch wie die zunehmende Verwendung des Apostrophs bei Pluralformen (leckere *Hotdog's*). Darüber hinaus stößt man inzwischen immer häufiger auf Apostrophe, die sich des Genitivs deutscher Substantive und Eigennamen bemächtigen, bei Einzahl und Mehrzahl gleichermaßen (»Aufgrund des ganzen *Krempel's* sieht es in *Peter's* Pommesbude aus wie bei *Hempel's* unterm Sofa«). Dieser gemeinhin als »Apostrophitis« bezeichneten Unsitte gilt es Einhalt zu gebieten. Geben wir also schnellsten's unser Beste's, damit das Deutsche keinesfall's zu unkontrollierbarem Stu'ss degeneriert, der am Ende nicht mehr zu s'toppen i'st!

Das Adjektiv – ein Wort ohne Eigenschaften, oder: *No Feature*

Der Grundsatz, wonach sich die Schreibung von Anglizismen weitgehend an deutschen Orthografie- und Grammatikregeln orientiert, stößt beim Adjektiv an seine Grenzen. Allerdings gilt:

➲ *Englische Adjektive werden wie deutsche stets kleingeschrieben.*

Das war's dann aber auch schon mit den Gemeinsamkeiten und auch weitgehend mit den Eigenschaften englischer Adjektive im Deutschen. Während deutsche Adjektive bis auf wenige Ausnahmen durch ihre Beugung in Kasus, Numerus und Genus mit dem zugehörigen Substantiv kongruieren, lässt sich solch eine Kongruenz des Substantivs mit englischen Adjektiven nur äußerst selten herstellen (z. B. bei *hip*: *hippe* Klamotten, oder bei *cool*: *cooles* Outfit). Auch *stylish* ist ein solcher Fall. Da das Wort mittlerweile eingedeutscht wurde, lässt es sich ebenfalls beugen (der *stylishe* Club), und das sogar in deutscher Schreibung (der *stylische* Club; man beachte das »sch«).

Im Gegensatz zu diesen Beispielen lässt sich eine Vielzahl englischer Adjektive einfach nicht beugen, sodass die meisten nur ungebeugt verwendet werden können. Doch da man ohne das unbeugsame Adjektiv nicht auskommt, muss man Wege finden, damit es sich – erträglich für das deutsche Sprachempfinden – in deutsche Texte einfügen lässt. Das geht z. B. so:

➲ *Um unbeugsame englische Adjektive textverträglich zu machen, verwenden Sie diese prädikativ.*

Wir können im Deutschen zwar von einem *beschäftigten Manager* sprechen, nicht aber ohne Weiteres von einem *busy Manager* oder gar einer *busy Führungskraft*. Das unbeugsame englische Adjektiv lässt sich nicht wie gewohnt vor dem zugehörigen Substantiv platzieren, ohne Befremden auszulösen. Als Ausweg bietet sich ein vollständiger Satz an, der das Adjektiv prädikativ verwendet:

falsch	stattdessen (subjektbezogen prädikativ)	stattdessen (objektbezogen prädikativ)
der busy Manager	Der Manager ist busy.	Sie erleben den Manager busy.
der crazy Typ	Der Typ ist crazy.	Finden Sie den Typen crazy?
die happy Leute	Die Leute sind happy.	Wirken die Leute happy?
der stoned Süchtige	Der Süchtige ist stoned.	Wir machten ihn stoned.

Wo vollständige Sätze wie die eben genannten nicht möglich sind, kann ein Relativsatz helfen:

falsch	stattdessen
der busy Manager	der Manager, der busy ist, ...
der crazy Typ	der Typ, der crazy ist, ...
die happy Leute	die Leute, die happy sind, ...
der stoned Süchtige	der Süchtige, der stoned ist, ...

Aber auch mit einem geeigneten Zusatz könnte uns hinreichend gedient sein:

➲ *Um unbeugsame Adjektive textverträglich zu machen, stellen Sie ihnen einen Zusatz voran.*

falsch	stattdessen
der false Wert	der Wert mit der Eigenschaft »false«
das offline Gerät	das Gerät im Modus »offline«

Nicht in allen Fällen bietet sich diese Variante an. So wirkt es sprachlich recht unbeholfen, vom *Manager im Zustand »busy«* zu sprechen, wenngleich diese Formulierung die Sache wohl recht gut träfe. Oftmals ist es geschickter, das Adjektiv zu umgehen. Denn um zu sagen, was zu sagen ist, bedarf es nicht zwangsläufig eines Eigenschaftswortes.

➲ *Um unbeugsame Adjektive zu umgehen, bilden Sie zusammengesetzte Substantive.*

falsch	stattdessen
die online Suche	die Onlinesuche
der/das offline Event	der/das Offlineevent
der remote PC	der Remote-PC

Damit wäre dann auch alles wieder in bester Ordnung, weil das Adjektiv an seinen ihm zugedachten Platz zurückgefunden hat: vor das zugehörige Substantiv – eben nur nicht als Adjektiv, sondern als adjektivisches Glied einer substantivischen Zusammensetzung.

Wie die genannten Beispiele zeigen, ist nicht jedes englische Adjektiv für alle Formulierungsvarianten zugänglich. Und so bleibt es letztlich dem Geschick jedes Einzelnen überlassen, englische Adjektive deutschverträglich zu verwenden.

Wenn Verben schwach werden, oder: *Verbs Don't Come Easy*

Das Deutsche hat sich inzwischen mit englischen Verben arrangiert und sich diese sogar untertan gemacht, indem englische Verben dem Deutschen angepasst werden:

➲ *Englische Verben bilden ihren Infinitiv nach deutschem Vorbild.*

Englisch	Deutsch
to chat	chatten
to chill	chillen
to google	googeln
to post	posten
to relax	relaxen
to zap	zappen

Obwohl überzeugte Sprachschützer die Resultate dieser Eindeutschung für schlimmstes Denglisch halten, finden sich selbige in allen gängigen deutschen Wörterbüchern. Nicht zuletzt deshalb erscheint es zunächst völlig unproblematisch, englische Verben in dieser Form zu verwenden. Und tatsächlich ist es nicht der Verbinfinitiv, der uns das Leben schwer macht, sondern die Beugung. Da ist es gut, eine Maßgabe wie die folgende zu haben:

➲ *Die Beugung englischer Verben orientiert sich grundsätzlich an der Beugung schwacher deutscher Verben.*

Infinitiv	Beugungsbeispiele
chatten	ich chatte, du chattest
chillen	er/sie/es chillt
googeln	er/sie/es googelt
posten	wir posten, ihr postet
relaxen	wir relaxen, ihr relaxt
zappen	sie zappen

Beim Umgang mit solch einfachen Verben liegen wir mit unseren Ergebnissen intuitiv meist richtig, auch wenn es um die Partizipbildung geht, die der deutschen Partizipbildung schwacher Verben entspricht.

➲ *Englische Verben bilden ihr Partizip I (Präsens) wie im Deutschen.*

Aufgrund der ersten Verbregel lag diese Vermutung bereits nahe. Im Resultat sieht dies so aus:

Infinitiv	Partizip I
chatten	chattend
chillen	chillend
googeln	googelnd
posten	postend
zappen	zappend

Aber wie steht es mit dem Partizip II?

➲ *Einfache englische Verben, deren erste Silbe betont ist, bilden ihr Partizip II (Perfekt) mit der Vorsilbe ge-.*

Infinitiv	Partizip II
chatten	gechattet
chillen	gechillt
googeln	gegoogelt
posten	gepostet
zappen	gezappt

Ähnlich leicht wie bei den einfachen englischen Verben haben wir es auch bei den zusammengesetzten und abgeleiteten. Denn während die deutsche Sprache zusammengesetzte Verben als trennbar deklariert (totschlagen – ich schlage tot) und bei abgeleiteten zwischen trennbaren und untrennbaren unterscheidet (abfahren – ich fahre ab, begeistern – ich begeistere), verzichtet sie bei englischen Verben auf diese Differenzierung:

⮑ *Zusammengesetzte und abgeleitete englische Verben sind untrennbar.*

Infinitiv	Beugungsbeispiele	falsch
downloaden	ich downloade, du downloadest usw.	ich loade down
upgraden	wir upgraden, ihr upgradet usw.	wir graden up

Das gilt auch für Verben mit »gefühlter« Vorsilbe (meist lateinischen Ursprungs), die im Englischen aber zu den einfachen Verben zählen, da sie dort weder zusammengesetzt noch abgeleitet sind und nur in dieser einen Form existieren.

⮑ *Einfache englische Verben, deren erste Silbe unbetont ist, sind untrennbar.*

Infinitiv	Beugungsbeispiele
providen	ich provide, du providest usw.
relaxen	wir relaxen, ihr relaxt usw.
supporten	sie supporten

Die Unzertrennlichkeit der untrennbaren Verben setzt sich auch beim Partizip fort:

Infinitiv	Partizip I
downloaden	downloadend
providen	providend
relaxen	relaxend
supporten	supportend
upgraden	upgradend

Beim Partizip II greift dann doch noch das deutsche Unterscheidungskriterium für untrennbare und trennbare Verben. Zudem ausschlaggebend für die richtige Partizipbildung ist – wie im Deutschen auch – ob die Vorsilbe des Verbs betont wird oder nicht:

➲ *Einfache englische Verben, deren erste Silbe unbetont ist, bilden ihr Partizip II durch ein angehängtes -t.*

Infinitiv	Partizip II	falsch
providen	providet	provided
relaxen	relaxt	relaxed
supporten	supportet	supported

➲ *Abgeleitete und zusammengesetzte englische Verben, deren erste Silbe betont ist, bilden ihr Partizip II mit der mittigen Zusatzsilbe -ge-.*

Infinitiv	Partizip II	falsch
downloaden	downgeloadet	downgeloaded
forwarden	forgewardet	forgewarded
upgraden	upgegradet	upgegraded

Die Verbbeugung scheint fürs Erste geklärt, was jedoch noch kein Freibrief ist, sämtliche englische Verben ins Deutsche zu übernehmen. Es gibt nämlich viele englische Verben, die zum einen bei uns nicht als Verben gebräuchlich sind und sich zum anderen dem deutschen Regelwerk widersetzen. Dazu gehört unter anderem das englische Verb *to hang on*.

Davon ließe sich weder ein befriedigender Infinitiv nach deutschem Muster bilden (vielleicht *onhangen*?) noch ein gefälliges Partizip (vielleicht *onhangend* oder *ongehangt*?). Deshalb sollte man sich nicht zu weit aus dem Fenster lehnen und Folgendes beherzigen:

➲ *Verwenden Sie nur englische Verben, die bei uns auch als solche gebräuchlich sind.*

Zu den bei uns gebräuchlichen englischen Verben gehören aber auch einige wenige, die im Deutschen einen Doppelgänger haben (*to link* – linken; *to fix* – fixen), allerdings mit völlig anderer Bedeutung. Wenn wir z. B. Webseiten *linken*, könnte man uns fälschlicherweise ein Täuschungsmanöver unterstellen. Und wenn wir *Bugs fixen*, geraten wir womöglich in den Ruf, bisher unbekannte Drogen zu spritzen. Zumeist lassen sich Fehlinterpretationen durch den Textzusammenhang ausschließen. Dennoch ist es in manchen Fällen ratsam, auf zweideutige Verben zu verzichten. Das geht, indem man substantivische Entsprechungen verwendet oder sich hie und da auf deutsche Alternativen besinnt.

- statt	+ besser
Webseiten linken	Webseiten durch einen Link verbinden
	Webseiten verlinken
Bugs fixen	Bugs beheben

Wenn andere Verben helfen müssen, oder: *Help Yourself!*

Nach dem vorangegangenen Kapitel dürfte die Bildung des Partizips II halbwegs geklärt sein. Doch sie zu beherrschen, reicht nicht, um auf der sicheren Seite zu sein. Schließlich bedarf es noch des passenden Hilfsverbs. Sein oder haben, das ist hier die Frage; eine Frage, die uns sogar im Deutschen oft genug Kopfzerbrechen bereitet. Letztlich hängt die Wahl des Hilfsverbs vom jeweiligen Hauptverb ab. Und da hilft die deutsche Grammatik weiter. Allerdings sind die im Deutschen verwendeten englischen Hauptverben nicht annähernd so vielfältig wie ihre deutschen Gegenstücke. Deshalb kommen auch die diesbezüglichen Grammatikregeln nur in Auszügen zum Tragen.

➲ *»Sein« passt zu folgenden Hauptverben:*
- *Bewegungsverben (die in der Regel eine Ortsveränderung bezeichnen),*
- *terminative intransitive Verben, die ein abgeschlossenes Geschehen oder einen neu erreichten Zustand bezeichnen (Zustands- oder Ortsveränderung).*

Verbtyp	Beispiel
Bewegungsverb	Wir sind gejumpt.
terminativ intransitiv	Wir sind relaxt.

➲ *»Haben« passt zu folgenden Hauptverben:*
- *reflexive Verben,*
- *unpersönliche Verben,*
- *transitive Verben (die mit einem Akkusativobjekt stehen können),*
- *durative intransitive Verben, die ein abgeschlossenes Geschehen oder einen andauernden Zustand bezeichnen (außer Bewegungsverben).*

Verbtyp	Beispiel
reflexiv	Ich habe mich gestylt.
unpersönlich	Es hat gebeept.
transitiv	Der Anwender hat [die Seite] gescrollt.
durativ intransitiv	Wir haben [lange] gechillt.

Einige Hauptverben können unterschiedlichen Typs sein, wobei sie in der Regel immer auch intransitiv sind. So kann es vorkommen, dass bei dem einen oder anderen Verb abhängig von der beabsichtigten Aussage durchaus beide Hilfsverben zulässig sind.

Hauptverb	Verbtyp	Beispiel
booten	terminativ intransitiv	Der PC ist gebootet.
	durativ intransitiv	Der PC hat gebootet.
einloggen	terminativ intransitiv	Ich bin eingeloggt.
	reflexiv	Ich habe mich eingeloggt.
relaxen	terminativ intransitiv	Ich bin relaxt.
	durativ intransitiv	Ich habe relaxt.
stylen	terminativ intransitiv	Ich bin gestylt.
	reflexiv	Ich habe mich gestylt.
	transitiv	Ich habe meine Freundin gestylt.
tunen	terminativ intransitiv	Der Wagen ist getunt.
	transitiv	Er hat den Wagen getunt.

Zeit der Trennung, oder:
Cut!

D a wir heutzutage fast alles am PC schreiben und die Silbentrennung dort entsprechend der eingestellten Sprache »Deutsch« nach deutschen Regeln erfolgt, schleichen sich bei englischen Wörtern in deutschen Texten gerne Trennungsfehler ein. So z. B. bei dem Wort *Software*, das gemäß deutscher Trennungsregeln gerne als *Softwa-re* getrennt wird. Die einfachste Möglichkeit, dies zu vermeiden, ist, die automatische Silbentrennung im Textverarbeitungsprogramm auszuschalten. Nicht immer ist das jedoch gewünscht, und so sollten wir uns mit der korrekten Trennung von Anglizismen vertraut machen, um fehlerhafte Trennungen beim Korrekturlesen zumindest manuell korrigieren zu können. Eine erste Regel, die es zu berücksichtigen gilt, lautet:

➲ *Die Silbentrennung von Anglizismen orientiert sich an den deutschen Trennungsregeln.*

Ein klassisches Beispiel, das kaum falsch gemacht wird, ist die Silbentrennung zwischen Doppelkonsonanten:

chat|ten
chil|lig
Rap|per

Weitere Klassiker sind die mittlerweile vorgeschriebene Trennung von -st- wie in *Boos|ter* sowie die neue Regel, wonach -ck- nicht mehr getrennt wird (s. *Ki|cking*).

Im Wesentlichen gelten für die Silbentrennung von Anglizismen phonologische und morphologische Kriterien. Die Silbentrennung richtet sich also einerseits nach den phonetischen Einheiten (Sprechsilben) des Wortes, andererseits nach den bedeutungtragenden Einheiten. Das phonologische Prinzip ist in der Regel vorrangig, die Silbentrennung nach Sprechsilben also die bevorzugte.

➲ *Trennen Sie keine Zeichenverbindungen, die Klangeinheiten bzw. Sprechsilben bilden.*

Klangeinheiten	Beispiele
Silbe	Soft|<u>ware</u>
Vokalverbindung	Co<u>a</u>|ching (aber: Co|arc|ta|tion)
Konsonantenverbindung	Ba|<u>che</u>|lor (aber: Bac|te|ri|um)
	Pu|<u>sh</u>ing (aber: Pus|cells)

Sofern Konsonantenverbindungen nicht zu Klangeinheiten verschmelzen, gilt – wie im Deutschen – die phonologisch plausible Regel:

➲ *Trennen Sie bei aufeinanderfolgenden Konsonanten vor dem jeweils letzten Konsonanten.*

Com|pact|disc
Ran|king
Swim|ming|pool
Team|buil|ding

In der Regel entspricht diese Trennung der Trennung nach Sprechsilben und ist daher nicht sonderlich fehleranfällig.

Ein und dasselbe Wort kann unterschiedliche Trennungen zulassen. Das ist nicht zuletzt der neuen deutschen Rechtschreibung zu verdanken, die die Silbentrennung zugunsten der Phonetik gelockert hat.

Wortbeispiel	Kriterium	Trennung
Publishing	phonologisch	Pu|bli|shing
	morphologisch	Pub|li|shing
Chewinggum	phonologisch	Che|wing|gum aber auch: Chew|ing|gum
	morphologisch	Chew|ing|gum
Diagnostics	phonologisch	Di|a|gnos|tics Di|ag|nos|tics
	morphologisch	Dia|gnos|tics

Wie das Wort *Di|a|gnos|tics* zeigt, betrifft die Grundregel, nach Sprechsilben zu trennen – wie im Deutschen – auch diejenigen Silben, die nur aus einem Vokal bestehen (außer am Wortende). Im genannten Fall sind die Sprechsilben leicht auszumachen. Weniger einfach ist es, wenn Konsonanten zwischen Vokalen nicht gesprochen werden, wie bei *Chewinggum*. Deshalb erlaubt schon das phonologische Prinzip bei solchen Wörtern unterschiedliche Trennungen.

Alle genannten Trennregeln beziehen sich auf Anglizismen, die in deutsche Texte eingebunden sind. Für Zitate und längere englische Textpassagen gelten sie nicht. In solchen Fällen müssen wir nach englischen Regeln trennen. Ist man derer nicht mächtig, helfen gute Textverarbeitungsprogramme, die das Englische als Sprachvariante unterstützen. Dann können Sie den Rest getrost Ihrem PC überlassen.

Bilaterale Beziehungen und Collateral Damage

Es ist eine feine Sache, Anglizismen in deutschen Texten richtig zu schreiben. Weniger fein ist es hingegen, dass die korrekte Schreibung oft ebenso unbemerkt bleibt wie die fehlerhafte. Falsch Geschriebenes wird häufig nicht als solches wahrgenommen, weil die Anglomanie sich nicht mit offensichtlichen Fehlern begnügt, sondern mit besonderer Vorliebe im Verborgenen wirkt. Was das Englische dort so alles anstellt, wo es uns in die Irre führt und wie es unabhängig von Grammatik und Orthografie in die deutsche Sprache eingreift, zeigen die folgenden Nebenschauplätze.

Besonders schlimm sind englisch-deutsche Wechselwirkungen wie die bereits erläuterte »Apostrophitis«, die deutsche Wörter regelrecht entstellt. Weniger häufig, wenngleich mit steigender Tendenz und gleichermaßen schlimm, infiltriert auch eine gefährliche Leere in Gestalt des »Deppenleerzeichens« unsere Sprache, das wir bei den Zusammensetzungen bereits genauer unter die Lupe genommen haben und das selbst die standhaftesten deutschen Wörter zu spalten versteht. Gespalten ist aber auch die deutsche

Sprachgemeinschaft, wenn es um die generelle Verwendung von Anglizismen geht. Die einen halten sie für unnötig, die anderen für genial. Manchen lässt die Leidenschaft für das Englische nicht mehr los und gipfelt in hochachtungsvoller Ergebenheit, ja bedingungsloser Liebe, die den Blick bedenklich trübt. Und da Liebe bekanntlich auch das Verlangen nährt, sich fortzupflanzen, mangelt es nicht an Nachwuchs. Motiviert durch *Banker*, *Caterer*, *Reviewer*, *Shopper* und *Supporter*, die allesamt reinrassig sind, entpuppt sich so mancher Sprössling der englisch-deutschen Völkerverständigung als Promenadenmischung und als Ergebnis künstlicher Befruchtung, so z. B. der *Uploader*, ein echter Hochstapler, den es im Englischen überhaupt nicht gibt. Ähnlich steht es um den *Hotliner* und den *Teambuilder*. Im Folgenden weitere Beispiele für Pseudoanglizismen:

Pseudo-anglizismus	Bedeutung	englischer Begriff
Beautyfarm	Schönheitsfarm	spa
Dressman	(Foto-)Modell männlichen Geschlechts	(male) model
Funsport	Trend- und Erlebnissportarten	–
Hometrainer	Fahrradergometer	exercise bike
Pullunder	ärmelloser Pullover	slipover, tank top
Showmaster	Moderator einer Unterhaltungssendung	compère, host
trampen	per Anhalter fahren	to hitchhike
Twen	Person im Alter zwischen 20 und 30 Jahren, Mittzwanziger	twenty-to-thirty-year-old, twenty-something

Angesichts solch ominöser Machenschaften empfiehlt sich stets ein Abstammungstest, der genaueren Aufschluss über die Wortherkunft gibt. Vielfach zeigt sich dabei, dass nicht immer das fremde Erbgut schuld an der sprachlichen Missbildung ist. Oft ist es nämlich die eigene Mutter(sprache), die sich lediglich mit den »falschen Freunden« eingelassen hat. »False Friends« sind verschiedensprachige Paare von Wörtern oder Ausdrücken, die sich orthografisch oder phonetisch ähneln, in den jeweiligen Sprachen aber unterschiedliche Bedeutungen haben (Scheinentsprechungen). Wenn wir das Englische betrachten, gibt es etliche Wörter, von denen wir irrigerweise annehmen, wir könnten sie direkt ins Deutsche übernehmen. Bestes Beispiel und in aller Munde ist das *Handy* (engl. *handy* = handlich, nützlich usw.). Aber auch der *Chef* (engl. *chef* = Chefkoch) und der *Checker* (engl. *checker* = Aufseher, Prüfer) stehen dem Mobiltelefon in nichts nach. »False Friends« sind also täuschend echte Fälschungen und im Grunde nichts anderes als Anglizismen made in Germany – vergleichbar einer Rolex aus Hongkong. Doch auch wenn sie keine wahren Freunde sind, leisten die »False Friends« gewissermaßen Freundschaftsdienste, demonstrieren sie doch in einzigartiger Weise, dass das Deutsche sich letztlich durchsetzt, indem es den englischen Wörtern durch die neue Bedeutung seinen Stempel aufdrückt und daraus echte deutsche Unikate macht.

Schon diese Tatsache zeigt ganz deutlich: Die deutsche Sprache ist ein Stratege, bestens organisiert, äußerst einfallsreich und flexibel noch dazu. Dem steht das Englische jedoch in nichts nach und schleust Undercover-Agenten ein, die zuweilen äußerst subtil agieren. Sie unterziehen uns unbemerkt einer Art Gehirnwäsche, indem sie ständig und überall mit englischen Wörtern aufwarten. Das Ergebnis: Der deutsche Wortschatz droht zu verarmen, und vor allem beim Übersetzen englischer Texte fällt die deutsche Wortvielfalt der englischen Gleichmacherei anheim, wie die nachstehenden Beispiele zeigen.

englisches Wort	mögliche deutsche Übersetzung	gebräuchliches Universalwort
activity	Handlung, Tätigkeit, Aktivität	Aktivität
physical	körperlich, physisch, physikalisch	physikalisch
technology	Methode, Technik, Technologie	Technologie
to control	steuern, regulieren, kontrollieren	kontrollieren

Das Englische beeinflusst jedoch nicht nur den deutschen Variantenreichtum, sondern jubelt uns auch vermeintlich deutsche Redewendungen unter, die bei genauer Betrachtung nichts weiter sind als schlechte Kopien englischer Originale. Doch wozu? Das ergibt keinen Sinn und macht erst recht keinen (engl. *to make sense*). Wir besitzen im Deutschen genug eigene Ausdrücke und haben eigentlich nicht auf fremde Hilfe gewartet – nicht wirklich (engl. *not really*). Gerade deshalb sollte unser Bemühen um ein gutes und korrektes Deutsch nicht nachlassen, wenngleich das Deutsche beinahe verloren scheint – *lost in translation*. Und bereits beim Reden sollten wir unsere Worte mit Bedacht wählen, aber das war ja abseits jeder Anglizismendebatte schon immer angebracht.

Das Englische ist raffiniert und versucht uns weiszumachen, dass es in mancherlei Hinsicht unschlagbare sprachliche Lösungen bieten kann, so z. B. auch in Sachen Gleichstellung von Frau und Mann. Das Englische bedient diesen Anspruch mit geschlechtsneutralen Substantiven (z. B. *Team* statt Mannschaft oder *Service* statt Kundendienst) von einzigartiger Prägnanz. Und diese Prägnanz, die sich in geradezu bestechender Weise auch bei Verben wie *scrollen* (eine Bildschirmdarstellung gleitend verschieben) oder *highlighten* (am Bildschirm etwas durch Farbe oder einen hellen Hintergrund optisch hervorheben) zeigt, macht durchaus nachvollziehbar, warum der eine oder andere dem kurzen englischen Wort den Vorzug gibt.

Trotzdem und neben aller »schriftstellerischen« Freiheit sollten wir der deutschen Sprache beim Schreiben möglichst den Vortritt lassen. Der Chat-Slang, der sich – wie schon an anderer Stelle gezeigt – vielfach des Englischen bedient (mit allen orthografischen und grammatikalischen Konsequenzen), macht uns vor, wie's funktioniert. Denn im Cyberspace, wo ja bekanntlich alles ein wenig schneller geht als im realen Leben, lässt sich schon heute ein erfreulicher Rückwärtstrend beobachten: zurück zu den deutschen Wurzeln (*back to the roots*). Pfiffige Netznutzer haben sich unserer maladen Sprache angenommen und versprechen Besserung.

Als Therapie haben sie für die Netzplauderei Kürzellisten entwickelt, die – man höre und staune – deutsch sind. So ist den Plauderrunden in der virtuellen Welt gelungen, was anderen bislang versagt blieb: Sie haben zu ihrer Muttersprache zurückgefunden, wenngleich einige widersprüchliche Beispiele zeigen, dass hie und da noch Verbesserungsbedarf besteht (s. beispielsweise *iha* = ich hasse abkürzungen). Dieser Trend einer sprachlichen Wende lässt jedenfalls hoffen.

Last but not least sei gesagt: Je anglizismuswütiger wir schreiben, desto mehr Fehler sind möglich – trotz aller Hilfestellungen in diesem Buch. Wer sich also dem Englischen blind hingibt und sich zu weit ins Labyrinth der Anglizismen vorwagt, muss selber sehen, wie er da wieder herausfindet, frei nach dem Motto: *come in and find out*!

Overview zum Happy End

Damit Sie im Bedarfsfall rasch nachschlagen können, fasst dieser Abschnitt alle zuvor genannten Regeln und Tipps übersichtlich zusammen. Regeln, die mehrere Rechtschreibaspekte betreffen, werden nicht doppelt genannt, sondern dem jeweiligen Hauptthema zugeordnet.

▶ **Grundregeln**

Die Schreibung von Anglizismen orientiert sich grundsätzlich an deutschen Rechtschreib- und Grammatikregeln.

Die englische Originalschreibweise ist selbstverständlich zulässig, wenn man

- englische Aussagen oder Texte zitiert,
- längere englische Textpassagen formuliert,
- englische Begriffe bewusst als solche erhalten und/oder ihre fremdsprachliche Herkunft betonen will.

▶ Substantive und substantivische Abkürzungen

Die häufigsten Fragen ergeben sich hinsichtlich

- Groß- und Kleinschreibung,
- des grammatikalischen Geschlechts,
- der Pluralbildung und
- der Genitivbildung.

▶ *Groß- und Kleinschreibung*

Englische Substantive sowie substantivische Abkürzungen werden in deutschen Texten grundsätzlich großgeschrieben.

Englische Substantive innerhalb adjektivischer Fügungen, die zum Glied von Zusammensetzungen werden, werden kleingeschrieben.

▶ *Grammatikalisches Geschlecht*

Das deutschgrammatikalische Geschlecht von englischen Substantiven richtet sich grundsätzlich nach deren Endung, wobei gleich endende Wörter tendenziell dasselbe Geschlecht haben. Vielfach ist das Geschlecht des deutschen Übersetzungswortes bzw. eines sinnverwandten deutschen Wortes zu übernehmen.

Um die Geschlechterfrage zu umgehen,

- machen Sie aus verbverwandten Substantiven substantivierte Verben (englisches Gerund) sächlichen Geschlechts.

- verwenden Sie englische Substantive in der Mehrzahl.
- bilden Sie Aufzählungen.

Wenn Sie zwischen männlich und sächlich schwanken, verwenden Sie bei Einzahlformen den unbestimmten Artikel.

Um bei Produktnamen das Geschlecht zu umgehen,
- verwenden Sie Produktnamen ohne Artikel.
- setzen Sie vor Produktnamen einen Zusatz.

▶ *Plural*

Die Pluralform englischer Substantive in deutschen Texten endet in der Regel auf -s.

Vom Mehrzahl-S verschont bleiben
- Substantive, die ausschließlich in der Einzahl gebräuchlich sind (Singularetantum).
- Abkürzungen, wenn ihr Plural durch Artikel oder Satzzusammenhang ausreichend deutlich wird.

Substantive, die auf -er enden, verzichten bei der Pluralbildung meist auf das Mehrzahl-S.

Die englische Singular-Wortendung -y wird im Plural zu -ys (nicht zu -ies!), die Singular-Wortendung -ie zu -ies.

▶ *Genitiv*

Mehrzahlnominativ und Mehrzahlgenitiv sind generell gleich, ebenso der Einzahlnominativ und Einzahlgenitiv bei weiblichen Substantiven.

Bei männlichen und sächlichen Substantiven endet der Einzahlgenitiv grundsätzlich auf -s.

Abkürzungen brauchen kein Genitiv-S, wenn ihr Genitiv durch Artikel oder Satzzusammenhang ausreichend deutlich wird.

Um den Genitiv zu umgehen, bilden Sie zusammengesetzte Substantive.

▶ **Zusammensetzungen**

Die häufigsten Fragen ergeben sich hinsichtlich

– Zusammen- und Getrenntschreibung
– sowie der Bindestrichverwendung.

▶ *Zusammenschreibung*

Vorzugsweise zusammengeschrieben werden

– substantivische Zusammensetzungen, die nur aus Substantiven bestehen, sowie
– zusammengesetzte Adjektive und Partizipien.

Substantivische Zusammensetzungen, die mit einem Adjektiv oder einem Partizip beginnen, werden zusammengeschrieben, wenn die Betonung ausschließlich auf dem ersten Glied liegt.

▶ *Getrenntschreibung*

Substantivische Zusammensetzungen, die mit einem Adjektiv oder einem Partizip beginnen, kann man getrennt schreiben, wenn

- die Betonung nicht ausschließlich auf dem ersten Glied liegt und
- das englische Ursprungswort auch getrennt geschrieben wird.

Zusammengesetzte Adjektive, Adverbien und Funktionswörter, die im Englischen getrennt geschrieben werden, werden auch im Deutschen getrennt geschrieben.

▶ *Bindestrichverwendung*

Bindestriche sind erlaubt, wenn eine Zusammensetzung schwer lesbar ist oder als unübersichtlich empfunden wird.

Unzulässig sind Bindestriche bei substantivischen Zusammensetzungen, die getrennt geschrieben werden dürfen.

Der Bindestrich steht bevorzugt bei substantivischen Zusammensetzungen aus Verb + Funktionswort (wie Präposition oder Adverb).

Ein Bindestrich steht immer dann, wenn

- Funktionswörter (wie Präpositionen oder Konjunktionen) in jedweder Form Bestandteil einer substantivischen Zusammensetzung sind.
- Abkürzungen Bestandteil einer Zusammensetzung werden.

– Bindestrichkomposita Bestandteil einer neuen Zusammensetzung werden.

– es bei bestimmten Ausdrücken aufgrund der Sprachüblichkeit einfach so (festgelegt) ist.

Die Bindestrichschreibung zusammengesetzter Adjektive oder Partizipien, die mit einem Substantiv beginnen, bedingt die Großschreibung des einleitenden Substantivs.

▶ **Verben**

Die häufigsten Fragen ergeben sich hinsichtlich

– der Infinitivbildung,

– der Beugung und

– des passenden Hilfsverbs.

▶ *Infinitivbildung*

Englische Verben, die bei uns gebräuchlich sind, bilden ihren Infinitiv nach deutschem Vorbild.

▶ *Beugung*

Die Beugung englischer Verben orientiert sich grundsätzlich an der Beugung schwacher deutscher Verben.

Untrennbar sind

– zusammengesetzte und abgeleitete englische Verben sowie

– einfache englische Verben, deren erste Silbe unbetont ist.

Englische Verben bilden ihr Partizip I (Präsens) wie im Deutschen.

Für die Bildung des Partizips II (Perfekt) gilt:

– Einfache englische Verben, deren erste Silbe betont ist, bilden ihr Partizip II mit der Vorsilbe ge-.
– Einfache englische Verben, deren erste Silbe unbetont ist, bilden ihr Partizip II durch ein angehängtes -t.
– Abgeleitete und zusammengesetzte englische Verben, deren erste Silbe betont ist, bilden ihr Partizip II mit der mittigen Zusatzsilbe -ge-.

▶ *Hilfsverbzuordnung*

»Sein« passt zu folgenden Hauptverben:

– Bewegungsverben (die in der Regel eine Ortsveränderung bezeichnen),
– terminative intransitive Verben, die ein abgeschlossenes Geschehen oder einen neu erreichten Zustand bezeichnen (Zustands- oder Ortsveränderung).

»Haben« passt zu folgenden Hauptverben:

– reflexive Verben,
– unpersönliche Verben,
– transitive Verben (die mit einem Akkusativobjekt stehen können),
– durative intransitive Verben, die ein abgeschlossenes Geschehen oder einen andauernden Zustand bezeichnen (außer Bewegungsverben).

▶ Adjektive

Allem voran werden englische Adjektive wie die Adjektive im Deutschen kleingeschrieben. Fragen können sich aber hinsichtlich der Beugung und Zusammen- bzw. Getrenntschreibung ergeben.

Um englische Adjektive deutschverträglich zu beugen,
– verwenden Sie diese prädikativ oder
– stellen Sie ihnen einen Zusatz voran.

Um unbeugsame Adjektive zu umgehen, bilden Sie zusammengesetzte Substantive.

Weiteres zur Adjektivschreibung finden Sie unter *Zusammenschreibung*, *Getrenntschreibung* und *Bindestrichverwendung* auf den Seiten 88–90.

▶ Silbentrennung

Die Silbentrennung von Anglizismen orientiert sich an den deutschen Trennungsregeln und Trennungskriterien (phonologisch und morphologisch).

Trennen Sie keine Zeichenverbindungen, die Klangeinheiten bzw. Sprechsilben bilden.

Trennen Sie bei aufeinanderfolgenden Konsonanten vor dem jeweils letzten Konsonanten.

ANHANG

Weiterführende Literatur

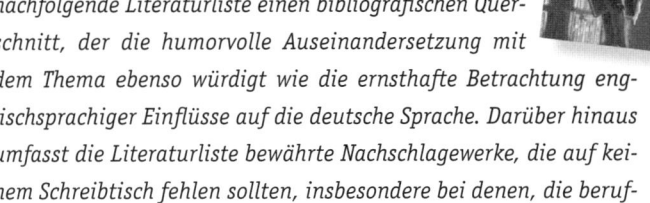

Anglizismen geben nicht selten Anlass zum Schmunzeln, oftmals aber auch Anlass zur Kritik. Deshalb liefert die nachfolgende Literaturliste einen bibliografischen Querschnitt, der die humorvolle Auseinandersetzung mit dem Thema ebenso würdigt wie die ernsthafte Betrachtung englischsprachiger Einflüsse auf die deutsche Sprache. Darüber hinaus umfasst die Literaturliste bewährte Nachschlagewerke, die auf keinem Schreibtisch fehlen sollten, insbesondere bei denen, die beruflich viel schreiben oder das Schreiben zum Beruf gemacht haben.

Bartzsch, Rudolf et al. (Hrsg.): *Wörterbuch überflüssiger Anglizismen*. Paderborn: IFB Verlag Deutsche Sprache 2009.

Carstensen, Broder / Busse, Ulrich: *Anglizismen-Wörterbuch*. 3 Bde. Berlin: de Gruyter 2001.

Do Rock, Zé: *Fom Winde ferfeelt. Welt-Strolch macht Links-Shreibreform*. München: Piper 1997.

Duden. *Die deutsche Rechtschreibung*. 25. Auflage. Mannheim: Bibliographisches Institut 2009.

Duden. *Die Grammatik*. 8. Auflage. Mannheim: Bibliographisches Institut 2009.

Duden. *Das große Fremdwörterbuch. Herkunft und Bedeutung der Fremdwörter*. 4. Auflage. Mannheim: Bibliographisches Institut 2007.

Eißel, Anna Katharina: *»Do you like Denglisch?«: customer relationship manager, out door snacking, e-mail-Anglizismen und Amerikanismen in der deutschen Sprache*. München: Grin 2007.

Goldenstein, Ferris: *Business Denglisch. The Book for the Better Moneymaking*. Frankfurt: Baumhaus 2007.

Goldenstein, Ferris: *Sag's doch Denglisch! The Book for the Better Understanding*. Frankfurt: Subito! 2006.

Junker, Gerhard H. et al. (Hrsg.) : *Der Anglizismen-Index: Gewinn oder Zumutung?* Paderborn: IFB Verlag Deutsche Sprache 2009.

Krämer, Walter: *Modern Talking auf deutsch: ein populäres Lexikon*. München: Piper 2001.

Pütz, Dominik: *Anglizismen deutsch erklärt: »Guide« zu über 600 neudeutschen Begriffen*. Köln: Cornelius Communication 2007.

Schneider, Wolf: *Speak German! Warum Deutsch manchmal besser ist*. Reinbek: Rowohlt 2009.

Sick, Bastian: *Der Dativ ist dem Genitiv sein Tod. Ein Wegweiser durch den Irrgarten der deutschen Sprache*. Köln: Kiepenheuer & Witsch 2004.

Wahrig. *Die deutsche Rechtschreibung*. Gütersloh: Bertelsmann 2009.

Wahrig. *Fremdwörterlexikon. Das umfassende Nachschlagewerk zum angemessenen Gebrauch fremdsprachiger Ausdrücke der deutschen Standardsprache*. Gütersloh: Bertelsmann 2007.

Wahrig. *Grammatik der deutschen Sprache*. Gütersloh: Bertelsmann 2002.

Verzeichnis genannter Anglizismen

A

a. m. 23

Abend-Make-up 36

Add-on 35, 49, 56, 57

afk 26

all in one 37

Anti-Aging-Produkte 8

Apache Server 46, 47, 48

as you like it 39

Ave 24

Avenue 24

B

Baby 51

Bachelor 76

back to the roots 83

Back-up 58

Backupverfahren / Backup-
  Verfahren / Back-up-Verfahren 38

Banker 80

Barbie 51

Beautyfarm 80

beepen 72

Blackout / Black-out 34

Bluejeans 30

Bluetooth 56

Boogie-Woogie 35

Booster 76

booten 73

Bootie 51

Breakdance 56

Break-even 56

Bug 70

Burnout 56

Business 56

Business-to-Business-Messe
  35

busy 62, 63

Bypass 56

C

c/o 23

Callcenter 30

Cash 56

Caterer 80

Catering 42

Catsuit 43, 44

CD 7, 52, 57

CD-Laufwerk 36

Center 40
CEO 24, 58
Chat 19
Chat-Slang 83
chatten 65, 66, 67, 75
Checker 81
Chef 81
Chewinggum 30, 77, 78
Chief Executive Officer 24
chillen 8, 65, 66, 67, 72
chillig 75
Coach 56
Coaching 76
come in and find out 84
come together 29
Comingout / Coming-out 34
Common Sense / Common-
 sense 31, 33
Compact Disc / Compactdisc
 31, 33, 77
Computer 7
Computerdaten 17
Computerfreak 30
computergestützt / Computer-
 gestützt 36
Cookie 7
cool 61
Copy 51
Corned Beef / Cornedbeef 31,
 33
Countdown / Count-down 34
crazy 62, 63

cul8r 26
Cut 75
Cyberspace 83

D

Desktoppublishing / Desktop-
 Publishing 33
Diagnostics 77
Do-it-yourself-Anleitung 35
Don't 34, 65
Download 42, 43, 44
downloaden 68, 69
Downloading 42
Dressman 80
Drive 7
Driving Range 8

E

Easy Going 15
E-Commerce 21, 36, 56
einloggen 73
E-Mail 19, 21, 55
Embedded Help / Embedded-
 help 31, 33
Equipment 50
Event 64
Exe / EXE 25
EXE-Format 25

F

false 63
False Friends 81

FAQ 23
Fast Food / Fastfood 31, 33
Feature 61
Finish 57
first class 21, 22, 37
First-Class-Hotel 21, 22
fixen 70
Floating Pool / Floatingpool
   31, 33
Flop 40
Floppy 7
form follows function 22
forwarden 69
full backup 17
Fulltimejob / Fulltime-Job 33
Funsport 80
FWIW 23

G
Gameboy 7
Gang 40
Gap 40, 43, 44, 49, 56, 57
Girlie / Girly 52
Global Player 11, 50
googeln 8, 65, 66, 67
grats 27
Green 8

H
Handy 81
happy 62, 63
Happy End 85

hardwareabhängig / Hardware-
   abhängig 36, 37
Hardware-Produkt 46
help yourself 71
High Heels 8
highlighten 83
Highway 30
hip 61
Hip-Hop 50
Hippie 51
Hometrainer 80
Hot Dog / Hotdog 29, 31, 33,
   43, 44, 45, 49, 56, 57, 58,
   59
Hotliner 80

I
Inliner 7
Interface 56
iPod 7
IT 7
It-Girl 8
ITler 46

J
jeansblau 36
Job 49, 56, 57, 58, 59
Jobsharing 42
jumpen 72
just in time 21, 37
Just-in-time-Produktion 21,
   35

K

Kicking 76
Kicking-off 42
Kickoff / Kick-off 34, 42
Kids 7
Knowhow / Know-how 34

L

Lady 55
last but not least 84
Layout / Lay-out 34
LCD 25
LCD-Display 25, 26
LCD-Fernseher 26
Level 41
Link 70
linken 70
Log-in 45
Log-out 45
lost and found 55
lost in translation 82

M

made in Germany 81
Make-up 35, 36
Make-up-Artist 36
Make-up-frei 37
Manager 50, 62, 63
Manpower 40
Messages 26
Mix 56
mom 26

MON / Mon 24
Monday 24
Multiuser-Mode 32
Musthave 8

N

NATO 24
Newsletter 50

O

offline 63
Offlineevent 64
on top 37
online 64
Onlineeingabe / Online-
   Eingabe 33
Onlinesuche 64
Overview 85

P

Party 51
Patch 49
Patchwork 50
PC 52, 57, 58, 59, 73, 75,
   78
PC-Kabel 58, 59
PDF 25
PDF-Datei 26
PDF-Format 25, 26
pebkac 26
posten 65, 66, 67
Pro-Aging-Artikel 9

Productplacement / Product-
Placement 33
providen 68, 69
Publishing 77
Pull-down-Menü 36
Pullunder 80
Pushing 76
Push-up-Effekt 8
putten 8

Q
Query 51

R
Ranking 77
Rapper 75
Readymade / Ready-made 34
Recovery Manager 46, 47, 48
relaxen 8, 65, 66, 68, 69,
72, 73
Release 56
remote 64
Remote-PC 64
Reset 42, 43, 44
Resetting 42
Review 42, 43, 49
Reviewer 80
Reviewing 42
rl 27
Roomingin / Rooming-in 34,
36
Rooming-in-Effekt 36

S
scrollen 72, 83
Service 26, 83
Shopper 80
Shopping 8
Showmaster 80
Slang 40
Slipper 50
Slow Motion / Slowmotion
31
Small Talk / Smalltalk 31, 33
SMS 19, 26
Sneaker 50
Software 46, 48, 75, 76
Software-Anwendungen 45
Software-Tool 47, 48
Sound 49, 56, 57
Soundcheck 30
Stand-alone 35
Standby / Stand-by 34
stoned 62, 63
stonewashed / stone-washed
36, 37
Stop-and-go-Verkehr 35
stylen 72, 73
stylisch / stylish 61
supporten 68, 69
Supporter 80
Supporter 80
surfen 8

T

Tape 7

Team 83

Teambuilder 80

Teambuilding 77

Teamwork 30

Technology 82

think big 19

Time-out 35, 49, 56

Time-out-Fehler 36

to go 37

To-do-Liste 35

Toolabhängigkeit / Tool-
  Abhängigkeit 33

trampen 80

tunen 73

Tuner 50

Twen 80

Two-in-one-Shampoo 35

U

Undercover-Agent 82

upgraden 68, 69

Uploader 80

up to date 37

Up-to-date-Berichte 21

V

verlinken 70

V.I.P. / VIP 24, 58

W

Walkie-Talkie 35, 51

WC 57

Webseiten 70

Windows-NT-Umgebung 36

Wonderbra 8

X

X-mas-Grüße 36

XML 25

Y

y 11

yes we can 7, 9

Yuppie 51

Z

zappen 65, 66, 67

Zip-Datei 30, 33